Vous
permettez
que je
vous
appelle
Raymond ?

Des
mêmes auteurs

AUX MÊMES ÉDITIONS

Pas mal
pour un lundi !
coll. «Point-Virgule», 1990

Antoine de Caunes
Albert Algoud

Vous permettez que je vous appelle Raymond?

Préface
de Frédéric Dard

Éditions du Seuil

COLLECTION DIRIGÉE PAR NICOLE VIMARD

EN COUVERTURE : photo Élias.

ISBN 2-02-010931-X

© ÉDITIONS DU SEUIL, MARS 1990

Pour Philippe
le joker de ce fragile château de cartes

Il parle plus vite que sa voix.

Mais on a le temps de comprendre que ce qu'il dit est intelligent...

Il a la silhouette de Lucky Luke.

Et cependant, plus français que lui, tu meurs.

Fils de Georges et de Jacqueline, ce petit marquis est un prince.

Un prince de l'humour rosse.

Chez lui, l'impertinence est la forme la plus aboutie du savoir-vivre.

Il ose tout, car il sait que tout lui sera pardonné.

On l'aime d'emblée, sans comprendre pourquoi.

C'est son capital.

Il a tous les talents.

Plus du talent.

Et peut-être même un peu de génie, faut voir...

Chaque soir, à Canal Plus, dans l'émission de Gildas, il brosse le portrait express de l'invité.

Pas à la brosse à reluire, à la brosse à chiendent.

L'invité en question fait semblant d'être ravi et rit beaucoup (jaune quand c'est un gros fumeur).

Au fil des émissions, Antoine a donc constitué une galerie de tronches.

A la télé, il peint ses gus à la mitraillette.

Dans ce ralenti imprimé, on se rend mieux compte de l'impact de chaque balle.

On distingue même les éclats.

Et puis on démonte le mécanisme.

Et l'on est frappé par ce ton neuf, ce style inconnu, cette férocité rieuse et galopante...

On comprend que ce livre est un carquois.

Faites gaffe à l'archer, les mecs : il ira loin !

San Antonio

portrait de

France Roche

Madame Roche, je sais bien qu'aujourd'hui c'est l'auteur qui est en vous que reçoit *Nulle part ailleurs*, pour nous causer de Ninon de Lenclos, votre égérie, si je puis dire (eh oui, j'ai ri).

Mais moi, c'est à Madame France que j'aimerais m'adresser, vu que je faisais partie des 25 % de Français qui se tapaient cette poussive émission baptisée *Sexy Folies* où l'on voyait principalement des secrétaires accortes, j'en conviens, enlever leurs chaussettes avec la lascivité de femelles hippopotames blessées à mort par les charges intempestives et déplacées d'éléphants dyslexiques.

Éléphants qui ne cherchaient pourtant qu'à glisser leur carte, persuadés d'être dans un centre à fric.

Mais je m'égare.

25 % de Français, disais-je donc, qui se tapaient cette émission en nourrissant, non pas leurs vieux parents malades, mais le fol espoir de vous entendre dispenser ces inimitables conseils, nés de dizaines de milliers d'expériences, que telle l'abeille laborieuse,

vous butiniez, compulsiez, malaxiez, pétrissiez, jusqu'à en extraire le précieux pollen.

Or, si à l'époque, j'avais le privilège de travailler sur la même chaîne que vous (pas celle qui n'en a qu'une, l'autre), il se trouve que jamais je ne réussis à vous exposer mon épineux problème.

Je me rattrape donc aujourd'hui, avec la bénédiction de Philou qui croit que cela suffira à chasser de mon esprit l'envoûtante présence de Maryse. Mais il se trompe.

Voilà, quand je mange des nouilles, ça me fait mal aux couilles. Euh! pardonnez-moi, je crois que c'est la fiche portrait du docteur Soubiran.

Ah! Voici la bonne : vous connaissez mon métier, Madame France : je présente des émissions à la télévision.

Eh bien, il se trouve que je ne peux plus avoir de relations bibliques avec la gent féminine — et pas seulement les aubergines — sans avoir mon récepteur allumé.

Mais pas sur n'importe quoi. En effet, il m'est indispensable, pour accéder au plaisir, de sentir dans mon dos la réconfortante présence d'un de mes confrères, à l'exception toutefois de Pascal Sevran. Mais enfin voilà : sans Philippe, Patrick, Michel, Jean-Pierre, Christophe? voire même Nicolas (mais seulement en tant qu'Hulot), rien ne se passe.

Que faire Madame France? Que faire? Mon sort, et mon sort seul (calmons-nous) est entre vos mains.

portrait de

Hervé Bazin

Quitte à paraître de mèche avec Hervé Bazin, je voudrais tout d'abord m'extasier sur son style... capillaire que nul ne saurait *posticher*, pardon pasticher.

— Oui, saluons cette coupe d'artiste qui réconcilie les exigences de la tradition et les audaces esthétiques de l'avant-garde. La tradition ? Taillé au bol, Bazin semble sorti d'une miniature du Moyen Age, il ne manque que la robe de bure et la tonsure pour faire de lui un moine de boîte de camembert, à lunettes (le look « Chaussée aux moines »). Et l'avant-garde ? (ou ce qu'il en reste) disons que sa seule participation à la littérature expérimentale, c'est d'être coiffé comme Philippe Sollers.

— De même qu'il réconcilie les époques, Bazin fait l'unanimité des générations (de 7 à 77 ans). Ainsi l'autre jour, alors que je rendais visite à mon arrière-grand-oncle qui est grabataire à l'hospice de *Moisy-les-Glands*, j'ai eu la bonne surprise de l'entendre me dire : « Je t'en supplie, mon petit, passe-moi le Bazin. »

— Unanimité partout. En 1973, Hervé Bazin se voit confier la présidence de l'Académie Goncourt, qui, avec l'Académie des 9 et celle de billard contribue ardemment au rayonnement culturel de la France dans le monde.

Ce n'est pas trahir un secret sur les mœurs de cette institution octogénaire, que de révéler les conditions dans lesquelles Hervé Bazin fut élu président de l'Académie Goncourt. En 1973, donc, au sortir d'un repas copieusement arrosé chez Drouant, chaque sociétaire accepta de se soumettre, double décimètre à l'appui, à des tests comparatifs. Il s'avéra qu'avec Hervé Bazin, l'Académie comptait incontestablement son membre le plus vigoureux et le plus fécond.

Qu'on juge un peu le palmarès de ce créateur infatigable qui tout au long de sa carrière prolifique a montré une efficacité exemplaire lorsqu'il s'agissait de tremper sa plume.

4 mariages : 8 enfants.

(Rien d'étonnant donc dans le fait que depuis 74, sous sa présidence, les Goncourt aient décidé d'offrir des bourses.)

Certes moins marital qu'Eddy Barclay, mais beaucoup plus génital, Hervé Bazin devrait susciter davantage d'admiration que le papet Montand, sur les exploits duquel les médias s'extasient exagérément.

Soyons plutôt fiers d'Hervé Bazin qui nous insémine son exemple depuis cinquante-cinq ans. Il pour-

rait faire sienne la devise gravée en tête de son gros
engin de travail (je parle du grand Larousse) : « Je
sème à tout vent. »

portrait de

Michel Boujenah

Quand il était petit, Michel Boujenah était très petit. Très petit et grassouillet, et de plus il était affligé d'une très grosse tête. Comme il venait de Tunisie, il masquait cette difformité sous un fez double (ce qui équivaut à une bonne paire de fez).

Pour se moquer de lui, ses camarades l'appelaient Boujenabe, ou le petit Poussah. Un jour, un grand satyre entraîna même le petit Poussah et ses trois frères au fin fond du bois de Boulogne pour les perdre. Heureusement, Michel avait semé des grains de semoule et des merguez kasher tout au long du parcours.

Et finalement il réussit à retrouver, au bout du sentier, son oncle marchand de pantalons.

Avec le grand satyre, Michel est confronté à l'intolérance envers les petits. Il comprend toute la bassesse du racisme antinain, et décide alors de militer à SOS-nanisme, un mouvement qui soutient le droit des nabots à la différence, une organisation qui lutte contre les coups assenés aux naines et aux nains qui voudraient s'élever. C'est à SOS-nanisme que Michel

nouera d'ailleurs une solide amitié avec un nain
connu : Philippe Gildas, qui lui présentera Maryse,
avec laquelle il présentera une émission sur
Europe-Nain.

Mais si le militantisme naniste a ses hauts, il a aussi
ses bas. Au terme d'un concert donné par SOS-
nanisme au profit des Pygmées sud-africains, Michel
est renversé et mordu par un basset.

Hospitalisé aux Enfants-Malades, Michel alerte la
Ligue des droits du gnome qui l'assure de sa protec-
tion, mais sans résoudre pour autant l'autre pesant
problème qui l'oppresse : à savoir la difficulté à trouver la femme de sa vie.

Désormais, confiant dans l'efficacité des orga-
nismes de soutien, il adhère donc à SOS-onanisme.
Cette association humanitaire (sponsorisée par
une importante marque de mouchoirs en papier),
met son standard à la disposition des onanistes,
à tous ces solitaires qui ont besoin d'un coup de
main.

Comme Michel a la tchache, on lui confie le
standard. Nuit et jour des appels affluent, tous
poignants. Avec beaucoup de doigté, Michel enseigne le geste qui sauve. Il explique que la masturba-
tion ne rend pas forcément sourd. Quant aux sourds,
ils trouvent à SOS une oreille attentive, celle de
Michel.

Un soir, armé d'une patience inébranlable, il
déculpabilise un nain-onaniste qui croyait que les jeux
de nain sont des jeux de vilain.

Doué d'un culot terrible, il arrive même à récon-

forter un homme tronc qui baissait les bras. « Pour
toi, lui confie Michel, je ferais des pieds et des
mains. » Une phrase qui résume tout Boujenah, et
qu'il applique aujourd'hui avec la même frénésie au
public tout entier.

portrait de

Mylène Farmer

Chère Mylène,

Aujourd'hui c'est le plus beau jour de ma vie : grâce à Antoine de Caunes je suis là, en face de toi.

Tu ne me connais pas à moins que, peut-être, tu es déjà venue à la supérette de Burnes-sous-Noix où je tiens la caisse 14. C'est dans le magasin que j'ai entendu la première fois le diks que tu chantais. C'était super, le rythme était super et les paroles super aussi.

Ce qui est super c'est que tu es un genre de princesse mais pas comme Stéphanie qui est toujours nue en maillot et qui change tout le temps de fiancés. Toi, tu attends ton prince charmant comme la Belle au bois dormant et comme moi, sauf que moi y risque pas de venir à la supérette, ou alors c'est pas un vrai prince. Enfin, on verra, je te raconterai.

Aussi, ce qui me fait super craquer, c'est que tu es vachement distinguée, pas comme cette pétasse de Sabrina, qui fait rien qu'à sortir ses doudounes pour rendre fous les hommes qui sont si bêtes, que même mon Maurice, cet idiot, il la trouve pas si mal.

Je te jure, les hommes, faut se les faire.

Ce qui me fait flipper enfin, c'est que tu as toujours tes beaux cheveux rouges tirés à quatre épingles et que tu es super bien maquillée pas comme Jeanne Mas qu'on dirait qu'une bouteille de Butagaz lui a pété à la gueule.

Je sais plein de trucs supers sur toi et j'y pense souvent. Je sais que tu vis avec deux singes et Laurent Boutonnat, et aussi un pygmée-lion, mais je sais pas ce que c'est...

Je sais même que ton singe préféré des deux, c'est Léon, celui qui aime les Gypsy Kings quand ils chantent *Band'mon Léon*. Il paraît que tu vis dans le dix-septième, et je voudrais te demander pourquoi alors que dans tes clips tu préfères le dix-huitième et le dix-neuvième. Je voudrais savoir aussi si tu vas arrêter de mourir toujours tristement à la fin de tes clips parce que, à chaque fois, j'ai des larmes dans les yeux.

Voilà, je dois te quitter parce qu'un client arrive, dissimulé derrière son gros caddy... Oh! Mais c'est justement Monsieur Gildas! Oh! Je ne résiste pas. Écoute ça : il a acheté un pyjama taille 16 ans, des mules à talonnettes compensées en 36, de la teinture Revecolor noir jeune, un tube de Steradent, un tube de Mini Mir, six petits-suisses.

Voilà, ça nous fait 112,30 F / Vous avez que de la petite monnaie ? Allez, chère Mylène, il faut que je m'en vais.

Sois gentille, envoie-moi une photo avec ta signature, ça me fera super plaisir.

Josyane

portrait de

Marie-Christine Barrault

Avant de vous résumer le film *Prisonnières*, il importe de dire deux mots sur sa réalisatrice : Charlotte Silvera qui, les cinéphiles s'en souviennent, s'est fait une spécialité du film de QHS en tournant : *Bagne hard pour bagnarde*, *Violée au violon*, *Élargie et relâchée*.

C'est encore Charlotte Silvera qui avait réalisé *Ma cavale au Canada*, un film d'évasion palpitant interprété par Lime Renaud.

De la lime au barrault, il n'y a pas loin, et il est donc logique que Charlotte Silvera ait fait appel à Marie-Christine Barrault que son nom prédisposait de toute façon à incarner des directrices de prison ou à la rigueur des grands avocats.

Marie-Christine ayant déjà joué dans *Un amour de Swann*, la première tentative d'adapter à l'écran un roman de Proust, il était naturel qu'on lui confiât le rôle principal de *Prisonnières* qui est également l'adaptation (au pluriel) du roman de Proust, que voici. Eh oui !

Proust, qui s'est d'ailleurs beaucoup consacré aux

prisons de femmes, puisqu'on lui doit encore *Des jeunes filles à l'ombre* que voilà. Mais revenons à nos matons.

Prisonnières est un terrible huis clos dans lequel s'affrontent les détenues d'une prison pour femmes et la directrice interprétée par Marie-Christine.

Marquée par son éducation chrétienne elle voudrait apporter un peu de chaleur humaine à ces pécheresses.

Après avoir abonné les détenues à *La Croix* et à *Modes et Travaux forcés*, elle va jusqu'à surveiller de près le régime des prisonnières en distribuant de l'eau minérale dans les cachots : l'eau neuve de vos cellules.

Hélas, l'univers impitoyable de la prison va briser Marie-Christine. Au cours d'un tête-à-tête avec Marie-Rose, une dure à cuire chevelue, femme à barbe homosexuelle condamnée pour insecticide volontaire sur ses propres morpions, Marie-Christine est violemment prise aux parties : « J'aime pas qu'on me cherche des poux », éructe Marie-Rose en ajoutant : « Tu veux ma photo, maton ? »

Ce cri de haine crépite comme un flash et fait basculer le film dans une horreur jamais vue depuis *La Vache et le Prisonnier* et *La Cage aux folles*.

Aidée par Touze qui joue une ravissante ravisseuse, Marie-Christine est alors prise en otage dans la cantine de l'établissement, où elle subit un horrible calvaire, sévices compris. Bernadette Lafont menace même de scier Barrault à l'aide d'une scie égouine.

Heureusement, au dernier moment, Marie-

Christine est délivrée par les matonnes, alertées par Annie Girardot.

Annie, en effet, interprète à s'y méprendre le rôle d'une vieille bique (bique : le féminin de mouton, en argot de prison).

Ancienne employée à la RATP condamnée pour un meurtre à la poinçonneuse sur un passager sans ticket, Annie a depuis longtemps perdu la raison et se prend pour une balance.

Mais j'en ai assez dit. Libérez-vous pour aller voir *La Prisonnière*, et puisque l'on dit toujours qu'un spectateur averti en vaut deux, ça devrait normalement faire pas mal d'entrées. Un comble pour un film de prison, bien sûr.

portrait de

Maxime Le Forestier

Mon cher Philippe,

Profitant de la présence de Maxime parmi nous, je ferai aujourd'hui appel à votre mémoire, tout en sachant pertinemment (Maryse me le confirmait hier encore) qu'elle n'est pas d'éléphant, votre mémoire.

Mais elle se trompe peut-être.

Voilà. Je veux parler d'un temps que les moins de vingt ans ne peuvent pas connaître, et qui est un peu le terreau, l'humus spongieux sur lequel Maxime et ce qu'il symbolisa longtemps purent fleurir : les années 70...

... Les années 70, si lointaines et encore si proches où l'on chaussait Pataugas pour Gardarem-Lou-Larzac, où l'on partait dans un méga-délire à l'écoute des quadruples Album Live de Jefferson Airplane, où l'on faisait des gros nœuds à nos ponchos afghans avant de les immerger dans des teintures rose indien, même qu'après ça faisait des étoiles hyper-psychédéliques (je te jure, tu le crois pas), où dès que l'on tournait le bouton de la télé on entendait cette joyeuse rengaine *Ring parade*, ou bien Johnny chan-

tant Hamlet, malgré les menaces de procès de la Royal
Shakespeare Company.

Eh oui, les années 70, si proches et déjà lointaines, un peu comme l'on disait d'Hiro-Hito quand il
était petit : si jeune et déjà ponais.

Maxime donc, était au cœur de ce trip kaléido-
scopique. Affublé de sa vraie gentillesse et de sa vraie
barbe, on le retrouvait à l'affiche de tous les concerts
de soutien. Du moment que c'était contre, il était
pour.

Contre le nucléaire, pour le solaire, contre le fas-
cisme, pour le n'passera pas, contre la guerre, pour
la paix, contre Léon, pour Tolstoï, pour Joan Baez,
contre les maladies vénériennes, etc., etc.

Et puis plus rien, la traversée du désert, bien que
contrairement à tout ce qui chante, il n'ait jamais par-
ticipé au Paris-Dakar. Que devenait-il ?

Était-il retourné vers la terre mère en plein cœur
de l'Ardèche, centre universel de forces telluriques,
au sein d'une communauté spécialisée dans le fromage de bique, laissant libre cours à son tempérament zoophile ?

Après tout, l'album du come-back en 1986 s'inti-
tule bien *After chèvre*, un titre qui laisse redouter le
pire.

S'était-il transformé en tour operator, spécialisé
dans les voyages de ressourcement du type Paris-
Katmandou avec escale à Ibiza, ou plus modestement
sur les Paris-Brest, ce qui m'étonnerait davantage,
puisque Paris-Brest, c'est meilleur sans beurre, et que
Maxime est pote avec les beurs.

S'était-il reconverti dans la plomberie, petit arti-
san roulant lui-même ses joints, et débouchant à
l'acide des tubes encrassés ? Eh bien, non ! la vérité
est comme toujours bien plus simple. Maxime, son
nom l'atteste, c'est Le Forestier.

Et c'est au cœur du massif vosgien, loin du caphar-
naüm du spectacle qu'il méditait sur le pourquoi du
yin et le comment du yang. En compagnie de ses
amies les bêtes, auprès desquelles il rôdait... son nouveau répertoire.

Hélas ! tout a une fin. Son ami Roger le Lapin partit tourner un dessin animé aux États-Unis, son ami
Papillon fit de même pour un film avec Steve Mac
Gouine, et racontant les mœurs homosexuelles d'un
pénitencier féminin.

Quant à son ami l'Ours, il sort aujourd'hui sur les
écrans et, à mon avis, il va les crever.

Seul, abandonné, Le Forestier Maxime dut se
résoudre à revenir à ses premières amours.

Il reprit sa guitare en bois, le chemin des studios,
et, délaissant pour toujours la musique de chanvre,
il se rasa le bas du visage et s'engagea à ne jamais
barber nos jeunes d'aujourd'hui avec tout ce que je
viens de raconter et qui relève de la préhistoire.

portrait de

Jacques Lanzmann

Contrairement à ce que vous dites, Philippe, si l'on a choisi d'inviter Jacques Lanzmann aujourd'hui, c'est tout simplement parce qu'il y avait la grève des transports.

Sa réputation de marcheur n'étant plus à faire, vous saviez qu'une petite randonnée à travers un Paris paralysé par la gangrène syndicalo-marxiste à la botte de Moscou (laissez-moi vous dire qu'au moins là-bas, le métro, ça roule. Au pas, certes, mais ça roule)...

Qu'une petite randonnée, disais-je donc, n'était pas pour lui faire peur.

Mieux : elle lui fait plaisir. Car Jacques Lanzmann est un grand marcheur. D'ailleurs, ça a toujours marché très fort pour lui.

Qu'il tâtât du journalisme, du roman, ou de la chanson, le succès lui a toujours collé aux semelles. Mais ça, tout le monde le sait. Et si l'on s'en tient au seul domaine de la marche à pied, force est de reconnaître que Jacques est une sacrée pointure.

S'il ne tenait qu'à lui, il en ferait même sa principale occupation, et c'est du reste entre 39 et 45, période très occupée, qu'il découvre à la fois sa vocation et sa pointure. Du 1942, fillette... je sais, c'est énorme.

Les bruits de bottes de cette sombre époque ne l'incitent pourtant pas à marcher au pas (de l'oie) et lui donnent en revanche le goût des voyages lointains.

Parti du Piémont en compagnie d'un ami pied-noir, il visite Pompéi, le Piéloponèse, et est reçu en grandes pompes en Centre Afrique par l'ex-empereur Jean Bedel Mocassin.

Mais tout cela n'est qu'un galop d'essai, son but ultime étant d'arriver coûte que coûte à pied par la Chine et à rouler quelques galoches aux bonzesses tibétaines.

Après des semelles et des semelles d'effort, il arrive enfin à pied d'œuvre au Tibet.

Mais de terribles épreuves l'attendent.

A peine a-t-il franchi la frontière qu'il marche du pied gauche dans une bouse de yack.

Il interprète cela comme un signe favorable du destin, mais il se trompe.

Son ascension va devenir une véritable descente aux enfers. L'Everest sera son Golgotha.

Ses porteurs, qu'il croyait sains, s'avèrent contaminés.

L'oxygène se raréfie, il est obligé de s'en fournir au marché noir de Lhassa, auprès de spéculateurs chinois.

Un jour, il s'évanouit, et son sherpa se voit contraint de lui faire du babouche à babouche.

Enfin, alors qu'il se croyait à des milliers de kilomètres de la civilisation, le voilà qui croise un journaliste d'*Une semelle à Paris*, le célèbre hebdomadaire à sandales, qui lui apprend que Serge Dalaï-Lama, qui veut mettre en scène à Lhassa une nouvelle comédie musicale *L'Abominable homme des neiges* avec Demis Roussos dans le rôle du Yéti, que Serge Dalaï-Lama, donc, désire à tout prix le rencontrer et recueillir son opinion sur le morceau de bravoure du spectacle *Tiens voilà du Bouddha*.

Dès lors, Jacques, qui n'a jamais su cirer les pompes n'a plus qu'une idée en tête : l'éviter, tel un bonze, ce maudit Lama. Voilà. Une aventure entre mille, telle qu'elle est relatée dans *Marche et rêve*, un livre qui prouve, s'il en était besoin, que s'il sait se servir de ses pieds, il n'en a pas pour autant perdu la main.

portrait de

Helmut Newton

On comprendra, pour commencer, que la modestie exigeait ce soir que je ne me contentasse point de tirer le portrait quand il s'agit d'un photographe de renommée aussi considérable qu'Helmut Newton.

Aussi, en son honneur, ai-je décidé, mieux que ma peu photogénique photo que voici (photo), d'offrir aux téléspectateurs mon hologramme que voilà.

Effectivement, mon cher Philippe, grâce à un procédé hypersophistiqué de photo au laser (et dont le principe se résume à un balayage crispomatique de bignifuteurs à intégration modulaire), je suis apparemment présent sur ce plateau, alors que je repose au fond de mon lit (ça tombe bien, j'ai une de ces crèves, je te dis pas), fond de mon lit d'où vous parvient ma voix, parfaitement synchronisée à mon image en relief.

Bref, je suis présent sans l'être, un peu comme Jean-Claude Bourret, mais pas pour les mêmes raisons.

Vous remarquerez que ce procédé d'hologramme confine à la perfection, et que j'ai rarement eu autant de relief. Tellement de relief d'ailleurs qu'au risque de traumatiser les intégristes de la rétine, je vais rejouer ici même la dernière tentation de saint Antoine.

Oui ! poussant jusqu'au bout cette hallucination collective digne des apparitions de Lourdes et Fatima réunies, je vais, à cette heure d'écoute familiale et devant des millions de gens, me toucher en direct.

Voilà (*je me touche*). Et je me mouche.

Et comme je sais, Philippe — je le sais par Maryse —, que pareil à saint Thomas vous ne croyez que ce que vous touchez, je vous invite à vérifier par vous-même ce miracle visuel autrement plus authentique que le saint suaire.

(*Philippe me touche.*)

Mais je n'ai pas attendu de devenir un hologramme pour me toucher, et je dirai même que grâce aux photos d'Helmut Newton, j'ai commencé à me toucher très jeune.

Ainsi, je ne peux évoquer certains clichés tels que ceux-ci sans ressentir immédiatement au fond de moi (tout au fond à gauche) ce délicieux titillement annonciateur de langueurs pas forcément monotones. Oui, c'est un fait, depuis très longtemps Helmut m'émeut et me botte.

Comme lui-même alors adolescent fut ému (et botté d'ailleurs aussi par son père) en découvrant par hasard dans la bibliothèque familiale l'image que voici, et grâce à laquelle il eut la révélation de la loi de la gravitation photographique universelle qui stipule, comme chacun sait, que deux corps quelconques s'attirent avec une force proportionnelle au produit de leur masse et inversement proportionnelle au carré de leur distance.

En clair, il vaut mieux être jeune, beau et riche, que vieux, pauvre et malade.

Une évidence. Mieux : un cliché.

Pour Helmut : c'est le déclic. Il sera photographe.

Hélas ! s'il s'est trouvé un objectif. Le jeune Helmut, d'extraction très modeste, n'a pas encore les moyens de se payer un appareil. Pour compenser, il exerce son œil en observant attentivement, et clandestinement, ce qui se passe dans la chambre noire de ses parents.

Mais son père le surprend. Après le grand clic, c'est la grande claque. Sensible comme une plaque, Helmut somatise, et développe une maladie du cuir chevelu qui lui provoque des milliers de pellicules. Mais, à toute chose, malheur est bon, puisque c'est en revendant ces pellicules qu'il pourra enfin s'acheter un appareil et démarrer la carrière que l'on sait, et qui confirme s'il en était besoin, que s'il ne suffit pas de prendre une pomme sur la tête pour devenir Isaac Newton, de même, ce n'est pas parce que l'on appuie sur le bouton d'un Nikon qu'on en est pour autant Helmut Newton.

portrait de

Catherine Lara

Depuis son plus jeune âge, Catherine Lara collectionne les lunettes et les chaussures.

Pourquoi les lunettes, me direz-vous ?

Pour chercher ses chaussures, qu'elle ne voit pas sans lunettes. D'où l'idée d'avoir plein de chaussures.

Mais comme avec ses chaussures, elle écrase les lunettes, en les cherchant, elle est obligée d'en changer constamment... (de lunettes, pas de chaussures) puisque, malgré sa collection de lunettes, elle ne les voit pas ses chaussures.

Mais elle change aussi de chaussures car pour s'acheter des lunettes, il faut se chausser pour marcher sur la chaussée.

Or chaussure sur chaussée égale semelle surchauffée, c'est chose sûre. Donc usure.

C'est un cercle vicieux.

D'ailleurs elle est vicieuse.

Fétichiste des chaussures qu'elle cire et des lunettes qu'elle chausse sans cesse.

Le plus souvent d'ailleurs chez elle, Catherine évolue, nue. Je ne dis pas qu'elle est velue, nue — enfin raisonnablement —, non, elle évolue, elle marche, quoi, dans le plus simple appareil, seulement vêtue de lunettes et de chaussures.

Mais son vrai fétiche, sa véritable amulette, c'est sa paire de mulettes à talonnette qui lui permettent de mater son voisin par la fenêtre à la lorgnette.

Oui, son voisin Luc, un astronome à femmes avec lequel elle rêve de monter au septième ciel.

Désir réciproque car de sa lucarne, Luc reluque (sa grosse longue-vue télescopique en main) la lune de Lara.

Luc est oculiste, et elle lui a tapé dans l'œil.

Passionné d'occultisme, cet oculiste est un personnage louche, aussi la police l'a-t-elle à l'œil.

Ne fut-il pas l'opticien aux petits soins de Joe Dassin, de Dalida, et de diverses gens, dont on sait la fin tragique.

Oui. Méfie-toi Catherine, ouvre les yeux…, et les bons. Le mauvais œil est sur toi.

Oublie cet oculiste qui t'acculera à la ruine, ou tu te retrouveras à sec. Acculée à sec.

Oui, ton compte chèque asséché par ce charlatan branché, par ce chacal charmeur, ce charognard châtain — oui j'ai oublié de le dire tout à l'heure, il est châtain —, ou tu n'auras plus que les yeux pour chialer. Et sans lunettes.

Déchausse, Catherine, ou tu finiras au violon, à te faire du crin-crin blanc (je vois que c'est déjà bien avancé).

Je sais, Philou, finir au violon pour Catherine

c'est troquer deux vices contre un, mais il n'empêche (la sagesse populaire le stipule) : de même
qu'un Chinois chipoteur chérit les chipolatas, de
même, c'est très clair : un tiens vaut mieux que deux
tu Lara.

portrait de

Jéromine Pasteur

Qui pourrait dire, en voyant Jéromine Pasteur, dont le nom seul évoque la rencontre improbable d'un grand chef pied-noir et d'un savant forcé, la rage au ventre, de tourner l'Apache, oui, qui pourrait dire que cette jeune femme, célèbre pour ses aventures extrêmes dans des contrées où la main de l'homme hésite à mettre le pied, est en fait simplement originaire de notre bon vieux terroir, Philou, celui-là même qui donna naissance à des produits aussi divers que le cidre bouché, le livarot, les bêtises de Cambrai, l'andouille de Guéméné, et Paul-Loup Sulitzer, qui lui n'est pas de Guéméné.

Eh oui, Philou, Jéromine (wou wou wou, pardonnez-moi, je ne peux pas m'empêcher), Jéromine donc, a ses racines dans le Jura, une province déjà célèbre elle-même pour ses racines puisque c'est là que se trouve Saint-Claude, capitale mondiale de la pipe, dont les meilleures sont sculptées, je vous le rappelle, dans des racines de bruyère ; La Bruyère étant lui-même mon maître à penser, puisqu'il fut le prince des portraitistes, et que ses caractères sont aussi célè-

bres, quoique pour d'autres raisons, que les pipes
dans les racines desquelles on taille le bois à Saint-
Claude, dans le Jura.

Qui l'eût cru, n'est-ce pas ?

Il est donc plus que surprenant d'apprendre que
Jéromine (wou wou wou) est une aventurière qui n'a
pas hésité à bourlinguer dans les contrées les plus hos-
tiles, de la Casamance à la Belgique en passant par
Belle-Île-en-Mer (Marie-Galante, Saint-Vincent,
moins Singapour, Seymour, Ceylan), Belle-Île-en-Mer
donc, ou le Venezuela, les enfants, c'est dangereux,
il y a des voitures.

La dernière de ses aventures, Jéromine (wou wou
wou) nous la conte dans son passionnant récit *Selva
sauvage*. Je résume.

Dans la forêt profonde, au fin fond du Pérou /
se trouve une tribu, venue d'on ne sait où.

Ashnincas est leur nom, personne ne sait
pourquoi — mais je vous le dirai, puisqu'on me paye
pour ça.

On raconte qu'un beau jour, leurs ancêtres incas /
(l'Incas étant un cas, qu'il ait un h ou pas) / fatigués
d'habiter au sommet des montagnes / quittèrent les
Hauts Plateaux, en enlevant leur pagne.

Hélas ! c'était compter sans les caprices du temps /
les écarts saisonniers et les refroidissements.

Les voici tous malades, toussant, éternuant /
l'ombre de ce qu'ils furent, quand ils étaient géants.

Eh oui Philou, les anciens Incas, fiers et généreux,
en changeant de climat découvrent les rigueurs et
l'inconstance d'une météo tropicale.

A force d'éternuer de manière chronique, on finit
par les surnommer les Ashnincas, et voilà pourquoi,
lorsque Jéromine (wou wou wou) débarque à l'impro-
viste sur leur territoire, et quand on apprend qu'elle
est l'arrière-petite-cousine du grand Pasteur, elle est
accueillie telle une déesse.

Jéromine (wou wou wou) ne profite pas de la situation : bien au contraire, elle s'empresse d'inoculer la
tribu tout entière, qui, bientôt, cesse de crachoter,
de toussoter, d'expectorer, d'éternuer, et qui, en un
mot comme en mille, est guérie.

Le chef Shirampi décide de la remercier en l'initiant à son tour aux mystères de la forêt sauvage, d'où
le titre de son livre *Selva sauvage*.

Il lui apprend à débiter des bûches à la main, à rentrer du bois, à faire dégorger la papaye, à fumer le
calumet (ce qui n'est pas fait pour effrayer notre
Jurassienne). Il lui apprend qu'on ne plaisante pas
avec la tarentule, vous savez cette grosse araignée qui
rit quand on la bouscule. Et enfin il enseigne à Jéromine (wou wou wou) le langage ashninca et particulièrement un mot clé très en usage parmi les mâles
de cette tribu où la nudité et la promiscuité impli-
quent quelques précautions élémentaires.

Ce mot, c'est « nocouye ».

Mais Jéromine (wou wou wou) aura bien d'autres
surprises chez ses amis ashnincas, puisqu'un beau jour
elle croisera même Bernard Lavilliers, traversant la jun-
gle à mains nues, après avoir enregistré au fin fond du
Sertao, la version portugaise du loto sportif : « *Smaj
smajde, smaj smajde zespormidable.* »

Le récit de toutes ces aventures, c'est dans *Selva sauvage* que vous pourrez le lire.

Un livre qui lui a valu, je le rappelle, le Victor de l'aventure, une récompense qui suscite beaucoup de polémiques.

Une récompense bien méritée toutefois. Et le bonheur de Jéromine (wou wou wou) eût été complet si, comme cela était prévu, Nicolas Hulot lui avait personnellement remis le prix.

Hélas ! ce soir-là, en arrivant à la cérémonie, elle apprend que Nicolas n'a pas fini sa traversée à patinette du jardin des Tuileries, et elle ne peut s'empêcher de voir sa joie entachée de désappointement quand on lui annonce qu'il manque Hulot.

Heureusement ce soir, il ne manque personne puisqu'elle est ici, et nulle part ailleurs.

portrait de

Lio

Avant de devenir la plantureuse créature que nous avons en face de nous, Philou, et dont le charme réveille la bête qui sommeille au fond de chaque homme digne de ce nom (un peu trop au fond, du reste, en ce qui vous concerne, si j'en crois Maryse), avant de devenir cette plantureuse créature, donc, à qui nous ne parvenons à dissimuler nos émois respectifs qu'à l'aide du grossier subterfuge de la position assise (mais Philippe, des téléspectateurs de plus en plus nombreux se le demandent, êtes-vous vraiment assis ?), avant de la devenir (disais-je donc avant de m'interrompre moi-même comme un imbécile issu de trop de mariages consanguins), avant qu'elle ne la devienne donc cette plantureuse créature, ses parents avaient déjà du mouron à se faire.

Souvenez-vous. 1977.

Oui je sais, vous y pensez tous, c'est bien sûr l'année où les RI (Républicains indépendants) se transforment en PR (Parti républicain), une date que les sociaux-démocrates tout comme les démocratessociaux ne sont pas près d'oublier, mais c'est aussi, et surtout, l'année d'une étrange affaire.

Souvenez-vous, dans plusieurs hospices de vieillards d'outre-Quiévrain, c'est l'hécatombe.

Des petits vieux sont retrouvés sans vie, près de leur transistor, alors qu'ils le tiennent à la main (leur transistor, pas ce qu'il leur reste de vie).

Grabataires à terre, ils gisent à même le sol carrelé de ces antichambres de la mort, comme frappés d'apoplexie, les yeux saillants hors de leurs grosses orbites, le regard étrangement fixe comme celui d'une carpe surgelée plusieurs fois en promo chez les frères Leclerc, ou comme celui de Jean-Claude Bourret après l'amour.

Oui, des regards mystérieusement lubriques dans l'immobilité cadavérique.

Lubriques, comme Stanley, justement (Stanley Lubrick) le metteur en scène de *Lolita*.

Lolita : le mot est lâché, il est la clé de cette énigme gériatrique.

Les autopsies révèlent que tous ces décès coïncident avec la diffusion radiophonique de *Banana Split*. Eh oui, la chanson qui vient de révéler Lio, et dont la lascivité fait ressembler les efforts chorégraphiques d'une Samantha Fox aux cabrioles sans espoir d'un veau marin alerté par le passage au large dans une mer d'huile, d'un banc de sardines.

Oui, cette Lolita-là en fait disjoncter plus d'un.

Car, contrairement à France Gall qui, vingt ans plus tôt, susurrait sans comprendre les insidieuses insanités des sucettes à l'anis du déjà pervers Serge, (et cela bien avant qu'elle n'eût à goûter du bâton de Berger), contrairement à France, donc, Lio, cela ne faisait aucun doute, paraissait, malgré son très jeune âge, comprendre et prendre un certain goût à l'ambiguïté des paroles qu'on lui faisait chantonner.

Chantonner d'une voix à l'angélisme trouble et qui la fit pressentir par certains producteurs, intégristes, pour tenir le rôle de Bernadette Soubirous.

Elle refuse cette chance, Charles Vanel devant, lui, jouer le rôle de Birous.

Cette attitude fière et déterminée, qui s'explique par la noblesse de son sang — n'est-elle pas de la lignée des de Vasconcelos, grande famille aristocratique portugaise ensablée profondément dans le terroir de la péninsule —, cette attitude deviendra bientôt la griffe de Lio, que l'on trouve aujourd'hui même chez Prisunic (des tissus stretch et coton lycra pour une silhouette bien dessinée à la séduction malicieuse, ambiance coordonnée pois rayures, fleurs, nœuds, laçages et pompons).

Oui la petite Lio a fait du chemin, mais elle a su garder ce regard pétillant, sans valise en carton sous les yeux, et comme le dit Julio : elle n'a pas changé.

portrait de

Joël de Rosnay

Tout d'abord mon cher Philippe, je vous sais gré d'avoir invité aujourd'hui Joël de Rosnay, plutôt que sa belle-sœur Jenna, car après Jacqueline Bisset et Lio, une troisième épreuve m'aurait certainement été fatale.

En effet, ce n'est pas parce que vous avez fait de moi un homme tronc que cela signifie pour autant que mes racines sont hors service.

Vous pouvez me croire, ça pousse tout seul là-dessous quand vous m'obligez, sadique comme vous l'êtes (et je ne suis pas dupe, dans le seul but de chasser l'obsédante pensée de Maryse de mon esprit), quand vous m'obligez, disais-je donc, à faire preuve d'un self-control qui relève de l'abnégation, face à des créatures qui appartiennent pourtant au même règne animal que Rika Zaraï. (Enfin, ça se discute.)

Quoi qu'il en soit, merci quand même.

D'autant plus que, pour des raisons très différentes de celles que je viens de vous exposer, le beau-frère Joël vaut bien la belle-sœur Jenna.

En effet, et bien qu'il pratique le surf depuis son plus jeune âge, Joël de Rosnay est loin d'être un imbécile.

La preuve, il écrit des trucs vachement intelligents que même moi, j'ai du mal à comprendre.

Et pourtant je ne fais pas de surf. Comme quoi ?

Il faut dire que déjà, à l'école, j'avais beaucoup de mal avec la discipline et avec les scientifiques, et je ne parle même pas des disciplines scientifiques.

En sciences naturelles, par exemple, je trouvais barbare d'éventrer des grenouilles vivantes, même si je m'amusais de leurs coassements désespérés qui m'évoquaient les efforts vains de la jeune Sheila, alors à l'aube d'une carrière dont on n'a pas encore fini, semble-t-il, de subir les retombées. (Il est question qu'elle remonte sur scène.)

Mais les enfants sont cruels.

Non, je préférais nettement la littérature.

J'apprenais par cœur les poèmes pompeux et romantiquement boursouflés d'Alphonse de Lamartine, que je récitais ensuite à des fiancées potentielles, en ramant sec sur le lac du bois de Boulogne. Des fois, ça marchait : elles me tombaient dans les bras en soufflant : « Ah ! ce que c'est super méga chouette, tes poèmes, Antoine, putain c'est super dément. »

J'en conviens, elles n'étaient peut-être pas très raffinées, mais enfin on n'était pas là pour ça.

Eh bien, croyez-vous que c'est en leur parlant d'abstractions géométriques, ou de théorie des ensembles que j'aurais eu la moindre chance de leur

inculquer quelques principes élémentaires de mécanique ondulatoire ?

Bien sûr que non.

(Même si de temps à autre je ne refusais pas de
sortir avec une bonne matheuse.)

Tout ça pour dire que, côté scientifique, mon
bagage culturel est aussi léger que celui de Linda de
Suza, sauf qu'en plus, le sien il est en carton.

C'est d'ailleurs son seul carton.

D'où mon bonheur en tombant sur le livre de Joël
de Rosnay : *L'Aventure du vivant*, qui tente de
répondre à l'angoissante question de notre origine,
quelque chose d'autrement plus fondamental que de
savoir s'il y a quelqu'un qui veut bien m'aimer ici
ce soir. Ah que...

Et je dis bonheur parce que tout dedans y est clair,
que Joël nous épargne des formules interrogatives du
genre : « Dissociez-vous la mononucléisation bigni-
futale du permanganèse nuclétique, à débrayage
mononucléaire ? » Quand il suffit de demander simplement : « Est-ce que vous habitez chez vos
parents ? »

Ensuite, je le remercierai aussi, bien que son *Aventure du vivant* commence aux formes les plus rudi-
mentaires de la vie, de nous avoir épargné les débuts
dans la chanson de Line Renaud.

Enfin, c'est à ce livre que je dois d'avoir compris
l'origine des spécificités physiques de mon partenaire,
l'imputrescible Philou : petit, râblé, incroyablement
velu, et doté d'une puissance sexuelle aussi hors
norme qu'énorme.

Philippe était jusqu'à ce jour un mystère de notre espèce. Il ne l'est plus.

Vous aviez tous entendu parler du chaînon manquant ?

Eh bien, grâce à Joël de Rosnay, on l'a retrouvé.

portrait de

Rika Zaraï

Eût-elle vécu quelques siècles plus tôt — elle, dont l'incombustibilité n'est qu'apparente (en effet, si on la gratte fort, elle souffre) —, quelques siècles plus tôt, donc, Rika Zaraï eût fini sur le bûcher, pour exercice illégal de la médecine. Autres temps, autres mœurs, aujourd'hui, c'est plutôt chez le boucher qu'elle finirait (en tant que cliente, bien sûr), n'était son amour immodéré pour les plantes (et conséquemment pas les carnivores).

Qu'elles soient naines, rampantes, arborescentes, ligneuses, rhizomateuses, aquatiles, rupestres, saxatiles, rudérales, sauvages, exotiques, urticantes, Rika les aime toutes, et partage avec elles ce caractère volubile qui abuse les naïfs et anéantit les plus résistants.

Oui, elle aime les plantes.

D'ailleurs à Paris, elle habite avenue des Tilleuls, face au jardin des Plantes.

Elle eût pu se contenter d'en rester là : une botaniste en herbe, appliquant à la lettre les multiples recettes tisanières que l'on trouve dans la littérature naturopathe, mais elle eut une meilleure idée.

Compilant toutes ces recettes en un seul ouvrage entièrement écrit à la main qu'elle n'hésita pas à signer de son nom, elle mit en pratique l'adage qui veut que la chanson mène à tout, à condition d'en sortir.

Mais en épargnant nos oreilles, elle ne décida pas pour autant de laisser nos autres organes tranquilles.

Après le terrifiant succès de *Ma médecine naturelle* — pas la mienne, la sienne —, Rika remet ça en signant à la pointe de sa plume si concise, d'un Z qui veut dire Zaraï... Zaraï... Vainqueuse tu l'es à chaque fois.

Un volume considérable dont le moindre des mérites, tout au moins celui auquel vous serez sans doute le plus sensible, Philou, est de vous hisser sur votre siège, mieux qu'un énorme dictionnaire médical, à des sphères philosophiques insoupçonnées. De siège, il en était du reste question dans le premier ouvrage de Madame Rika puisque y étaient prescrits des bains de cul pour soigner des affections aussi diverses que le rhume de cerveau, la myxomatose ou le priapisme chronique.

Certains lecteurs, des gourmets, ont même poussé le zèle jusqu'à réchauffer ces décoctions après usage pour se les boire en tisane. Saveurs du soir : Espoir !

Mais ne bassinons pas davantage nos amis avec cette ironie sans fondement pour nous pencher sur des mélanges plus vaseux encore. Tiens, par exemple : les boues.

Chacun sait que la boue est un remède courant

dans les médications hydrothérapiques du thermalisme.

(Vous voyez moi aussi, avec des mots savants, je peux me faire passer pour un toubib.)

Eh bien, c'est par la boue que Madame Rika écoule, comme d'autres produits naturels, que le scandale est arrivé.

A cause d'une mention imprimée sur le « packaging » du produit pour parler comme Boue-Naldi.

En effet, peu rompue aux subtilités de l'orthographe française et de l'orthographe tout court d'ailleurs, Rika recommandait des bains de boue assis.

Réaction du docteur Lagadoue, de la Bourboule : « Des bains de boue quand on est assis ! Lorsque j'entends cet abus, je boue. » Traînée ainsi dans la boue, la chanteuse naturopathe, poussée à bout, déclara alors qu'elle ne se laisserait pas éclabousser par ce scandale pour une malheureuse erreur au bout de boue. Du mot boue. Un *e* pour un *t* dans bout.

D'ailleurs, elle est bien défendue par un comité de soutien animé entre autres par Serge Gainsboue et Bamboue, Jean Marais, Enrico Machiasse, et Jean-Jacques Debout.

Une polémique parmi tant d'autres, puisque moi-même je me trouve, comme vous voyez, alité, comme Johnny, pour avoir abusé d'une recette conseillée par Madame Rika : celle des infusions de queues de cerises.

Je dirai toutefois à sa décharge que j'avais oublié de mettre les cerises...

portrait de

Jean-Luc Lahaye

Il y a quelques jours, une violente émotion s'empara de moi en découvrant le nom de l'invité que nous nous apprêtions à recevoir ce lundi 14 novembre. Lahaye.

Un nom qui me fit littéralement exploser de bonheur, un nom synonyme de soulagement pour l'espèce humaine — surtout la masculine —, un nom dont la seule prononciation rappelle instantanément l'érotisme lancinant de ces péniches qui coulent lentement, le long des canaux, à la moyenne très respectable de six nœuds à l'heure.

Oui, comme du reste toute l'équipe de *Nulle part ailleurs*, je frémissais déjà à l'idée d'accueillir Lahaie. Brigitte Lahaie. Aussi, c'est avec un léger désappointement que j'appris la vérité. Il ne s'agissait pas de Brigitte, mais de Jean-Luc. Et Jean-Luc Lahaye.

Non que Jean-Luc n'aime pas Brigitte, je me suis même laissé dire qu'il lui trouvait beaucoup de charme — je dis ça uniquement pour mettre un peu de piment dans son ménage, puisque Aurélie, sa femme, qui chante avec lui, eh bien, Aurélie la hait, Brigitte, mais pas Jean-Luc. Vous me suivez...

Bref, je fus un peu déçu. Mais je récupérai vite.

D'ailleurs, si ni Jean-Luc ni moi-même ne connaissons Brigitte, ce n'est pas pour autant que nous n'avons aucun point commun. Par exemple : l'un chante, et l'autre pas. Ah ! un autre exemple ?

Nous avons tous les deux travaillé l'année dernière sur celle qui n'en a qu'une, et qui plus est, en partageant le même réalisateur, qui, ça alors quel hasard, n'est autre que celui de *Nulle part ailleurs*.

Jean-Louis Cap, qui n'est plus aussi jeune qu'il veut le faire croire, et dont les réflexes faiblissent de jour en jour. Regardez ce qui se passe si je lui demande de passer la caméra sur... vous, Philippe... sur Jean-Luc... sur moi... Merci, ça suffit.

Et c'est sur la Une que Jean-Luc, plus de vingt ans après Jaboune, le merveilleux Jaboune, Jean Nohain, si vous préférez, reprit le flambeau de la bienfaisance spectaculaire, et entreprit de pulvériser le mur de l'indifférence.

On notera d'ailleurs que Jean-Luc, qui s'était d'abord fait traiter d'hypocrite et de pharisien (alors qu'il vient de la banlieue), fut très rapidement purement et simplement plagié.

Presque toutes les stars de la télé, à son instar (de la télé) se donnèrent subitement beaucoup de mal pour répandre le bien. De Jean-Pierre Fauxcul dans *Soirée ça craint* à Guy Lux dans *Interincontinents*, en passant par Jacques Chancel qui, inlassable pèlerin, son gros bâton de berger à la main, reposait encore et toujours sa légendaire question : Et Dieu dans tout ça ?

Et puisqu'on en est à parler du Bon Dieu, autant que j'en profite pour te faire une petite confession, Jean-Luc.

Toute l'année dernière, j'ai littéralement séché de jalousie en voyant ton succès.

Pendant que tu dînais avec Francis Bouygues, moi je me contentais de la cafétéria du carrefour de Villiers-en-Bière. C'est moins bien. Alors que le budget hebdomadaire de *Lahaye d'honneur* tournait autour de 42 milliards de francs lourds, moi, je devais monter mes émissions à la main. En collant image par image. Comme une fourmi laborieuse. C'est moins bien.

D'autres exemples ?

Tiens, tu te souviens de ces centaines de groupies qui t'attendaient à la sortie des studios ?

Eh bien, moi je n'avais que Gillot-Pétré qui m'attendait sous un porche, et encore, pour me demander du travail. C'est moins bien. Pendant que tu faisais des parties de golf endiablées avec Patrick Sabatier, moi je jouais à la pétanque avec Patrice Laffont. C'est moins bien.

Alors que tu te payais le luxe de parler lentement, en faisant semblant de ne pas connaître ton texte, moi j'étais contraint de parler à toute vitesse, pour ne pas gaspiller le précieux temps d'antenne. C'est moins bien.

Tu vendais 2 millions d'exemplaires de ton bouquin, moi j'en vendais 17, et pas des millions, et pourtant nous avions le même éditeur. C'est moins bien.

Enfin, aujourd'hui encore, tu peux, comme tu le fais d'ailleurs pour la première fois, te mettre à chanter avec ta femme, alors que moi c'est ma première femme qui me fait chanter, vu qu'elle est au courant pour Maryse. C'est moins bien.

Mais je suis vengé.

Toute l'année dernière tu as chanté *Débarquez-moi*.

Eh bien, ils ont fini par le faire.

Je ne dirai pas que je m'en réjouis, ce serait méchant, et tu n'es pas méchant.

Mais du coup, je te regarde différemment, et tout le mal que je te souhaite, c'est que ta petite mèche, rebelle, là, celle-la, eh bien, elle reste rebelle, sur ton front populaire, et que ton front, populaire il le reste, en évitant surtout de devenir national.

portrait de

Bernard Lavilliers

Pour tirer le portrait de Bernard Lavilliers, on m'a recommandé de faire preuve de la plus extrême prudence, si je ne voulais pas me ramasser un marron dans la gueule.

Non pas que Bernard soit un individu à la violence fruste et incontrôlée, mais enfin son gabarit, l'étonnante corpulence de ses deltoïdes, l'invraisemblable protubérance de ses pectoraux, et l'affolant renflement de ses moyens adducteurs parlent d'eux-mêmes, et dissuadent le plus intrépide de provoquer gratuitement l'animal en le traitant de dégonflé.

Non, Bernard s'énerve peut-être facilement, comme quand on refuse de lui ouvrir les portes du Casino de Paris, mais l'aspect emporté de son caractère est aussi sa principale qualité. Car étant emporté, il s'est emporté lui-même, ce qui lui a permis de visiter à peu près tous les pays de la planète, y compris ceux où la main de l'homme n'avait encore jamais mis le pied. Mexique, Brésil, Porto Rico, Salvador, Venezuela (venez zouer là, ze vous dis), Brésil, Congo-Zaïre, Grattez-moi là, oui là, oh oui, gratte-

moi encore là, Brésil, et même la Belgique. Autant
de pays gorgés de soleil dont il rapportera mille récits,
picaresques, hauts en couleur, et la manie de se bala-
der en débardeur en toutes circonstances, sauf évidemment aujourd'hui, mais enfin faut pas déconner,
l'hiver est là. On notera au passage que Bernard, pour
aventurier qu'il soit, n'en est pas moins d'une nature
prévoyante.

Ainsi, des témoins dignes de foi affirment l'avoir
croisé en plein décembre dans le Nord-Pas-de-Calais,
le bustier seulement couvert d'un de ces légendaires
débardeurs.

Mais pas folle la guêpe : puisque ledit débardeur,
spécialement fabriqué pour lui par la maison Damart,
était en véritable moquette brune de Saint-Maclou.

Un seul inconvénient : tout le monde croyait qu'il
était torse nu.

Mais je m'égare.

A l'instar de notre maître à tous, Johnny Halliday,
Bernard Lavilliers est un chanteur polymorphe.

Cela dit je ne vous conseille pas de demander à
Johnny ce que c'est qu'un chanteur polymorphe, il
est persuadé qu'il s'agit d'un chanteur au nez encom-
bré de mucus. Polymorve.

Je m'explique : Johnny fut dans le désordre : yéyé,
blues, country, Jésus, rocker, motard, twist, hippie,
Hamlet, variet, hard, et j'en passe.

J'en passe, et pourtant Bernard bat Johnny sur son
propre terrain. Qu'on en juge : anar, rock, New
York, reggae, rive gauche, bodybuilder, salsa,
boxeur, samba, bossa nova, carioca, Cuba, ghetto,

blaster, barbare, et j'en passe. Un véritable melting-pot à lui tout seul, dont le goût pour la route et l'exotisme lui viennent de sa première expérience au Brésil, où il démarra comme camionneur, sillonnant inlassablement le chantier de la Trans-Amazonienne, comme dans le film *Le Salaire de la peur*.

Un job qui prouve, entre nous soit dit, qu'il en a, parce qu'un boulot comme ça, faut le faire.

D'ailleurs il en a tellement, Bernard, et il a une telle habitude de saler sa nourriture que ses amis camionneurs le surnommèrent rapidement « le Saleur de la Paire ».

De plus, du fait que Bernard en ait, je puis personnellement témoigner.

N'allez pas imaginer pour autant, Philippe, graveleux comme vous l'êtes, que j'ai tenu à vérifier de visu la vérité morphologique de ce qui n'est, après tout qu'une expression du langage courant, non, non.

J'ai assisté moi-même à l'un des premiers concerts impromptus de Bernard, au Bataclan, au début des années 70.

Il s'agissait d'un concert de protestation contre l'injuste dictature des Duvalier sur l'État d'Haïti.

Une cause, à l'époque, aussi populaire que le serait aujourd'hui la lutte contre l'usage de pesticides dans la culture de la betterave sucrière, celle-là même qu'utilise Rika Zaraï dans son combat désespéré contre le virus à gros poils.

Résultat des courses : le public, bien que clairsemé, était exclusivement noir.

La population blanche, quant à elle, ayant choisi de regarder *Ring parade* à la télé.

Bernard fut accueilli comme un cheveu dans la soupe au Congrès mondial des chauves.

Car enfin, qui était ce blanc-bec blanc qui venait porter la bonne parole révolutionnaire aux Haïtiens déjà suffisamment opprimés comme ça.

Pour tenir le coup, il en fallait, et j'en atteste ici, Bernard retourna la situation en sa faveur en moins de temps qu'il n'en faut pas à Jean-Claude Bourret pour déterminer la bonne place de la lettre V dans le mot OVNI.

Et ça, croyez-moi, c'est une preuve.

portrait de

Mathilda May

Ma chère Mathilda, je vous avouerai sans plus attendre que c'est tout à la fois une joie et un soulagement de vous accueillir ce soir sur le plateau de *Nulle part ailleurs*. Une joie, ai-je besoin de vous l'expliquer, vous autour de qui une armada d'admirateurs béats et tourneboulés évolue en chantant vos louanges, dans une folle sarabande dithyrambique de compliments adulatoires.

Tous s'extasiant tour à tour, et à raison, sur votre chevelure auburn, votre front marmoréen, vos yeux de biche aux abois, vos pommettes délicieusement polies, votre nez polisson, vos lèvres polisseuses, vos quenottes ivoirines, votre menton botticellien, votre cou — ah ! quand ils vous arrivent ah ! oui ! ah ! ça fait mal —, votre port de nymphe, vos épaules d'Émile Victor, votre corsage avantageux (oh ! oui ! tes énormes roploplos), votre taille d'abeille, votre bassin si parisien, votre croupe féline et musquée, vos attaches si graciles, vos... vos... ta... tes... mais je m'emporte.

Une joie donc, vous l'avez compris, mais aussi, et dirais-je même surtout, un soulagement.

En effet, depuis une bonne dizaine de jours, et à la seule idée de vous voir enfin en chair et en os — et quelle chair, et quelles bosses —, Philou, qui en ce moment même dissimule son émoi sous le masque imperturbable du professionnel inébranlable qu'il sait être, bouillonnait littéralement.

Comme il a bouillonné toute la semaine, enfermé dans son cabinet de travail, vissé devant son magnétoscope et pour se jouer en bouclé le « Cri du hibou », qui, du reste, n'était pas le seul à hululer à mort comme en témoignaient ces cris plaintifs de désir animal qui nous parvenaient à travers les cloisons. « Ouh ouh ouh », l'entendait-on gémir tandis que, fous d'inquiétude, nous tambourinions à la porte qu'il ne consentait à entrebâiller de temps à autre que pour réclamer d'une main fébrile des kleenesques afin probablement d'éponger son front moite d'une émotion mal contenue.

N'a-t-il pas du reste pour devise tatoué sur le membre le plus secret de son anatomie : Je sème à tout vent.

Eh oui, je vous l'apprends, Mathilda.

Bref, Philippe n'était plus lui-même.

Maryse, que j'ai eu la chance de croiser parfois, était désemparée. « Je ne reconnais plus mon petit homme. » « Il est vraiment au plus bas et de plus en plus sourd », me confiait-elle encore hier soir. N'ayant pas le courage de lui dissimuler plus longtemps les véritables raisons de cette descente aux enfers, je n'eus qu'à prononcer votre prénom, Mathilda, et tout devint clair. Car pour vous connaître, elle vous connaît, Maryse.

Elle me confia à son tour qu'elle était un jour tombée par hasard en rangeant le coffre à jouets de Philippe sur la vidéo-cassette de *Lifeforce*, le film que vous tournâtes avec Tobe Hopper, et où vous dévoiliez (à l'instar de Tabarly, un autre solitaire de mât), où vous dévoiliez donc les appas mêmes que j'énumérai si imparfaitement plus avant.

Oh, je vous rassure, au risque de vous froisser, vous n'étiez pas la seule dans ce coffre à merveilles.

Je dirais même que vous étiez en bonne compagnie cinéphilique, puisque Maryse y découvrait en vrac : *Trois hommes et un cul fin*, *Roger Rabite*, *La Flûte à six schtroumpfs*, et même *Pinocchio*. Mais il n'empêche c'est la K7 du *Lifeforce* qui, manifestement, avait été la plus manipulée, jusqu'à l'usure extrême.

Oui Mathilda, vous avez en face de vous un être dont vous avez, sans le savoir, profondément bouleversé l'existence.

Il n'est que de regarder sa pauvre mine défaite, ses traits exténués par la passion pour s'en convaincre.

Et si j'ai pris ce soir la liberté de vous en faire l'aveu, c'est à la fois pour sauver un ménage, entre tous exemplaire, et vous faire toucher du doigt l'étendue des ravages que votre seule apparition suscite.

Non pas, bien entendu, que je vous en rende responsable : on ne reproche pas au feu de brûler.

Mais, ayant sous la main la cause et l'effet, le philtre et le charme, le bon tiens, et les deux tu l'auras, j'ai imaginé qu'afin de rompre ce terrible maléfice, vous accepteriez, et vous allez l'accepter j'en suis cer-

tain, d'adresser à Philippe une grimace épouvantable, l'inverse parfait de votre fulgurante beauté, et
qui le libérera de son obsession.

Merci Mathilda.

Véronique Sanson

Attentif comme vous l'êtes, Philippe, je suis certain que vous aurez remarqué à quel point les deux années qui viennent de s'écouler ont résonné de l'absence (si je puis oser cette image hardie que je ne fais qu'emprunter à Jean-Claude Bourret), résonné de l'absence, disais-je donc, de deux des plus grandes voix de la chanson française. Celle de Véronique Sanson, ici présente (et je m'en réjouis), et celle de Dalida, dont l'absence, elle, risque de résonner définitivement, et non, je vous arrête tout de suite, je n'aurais pas l'indélicatesse de m'en réjouir.

(Quoique.)

Enfin, définitive, ça reste à voir, si l'on considère les réactivations télévisuelles (et quelque peu frankensteiniennes) auxquelles se livrent les émissions de variétés qui joignent l'agréable de l'hommage posthume, à l'utile d'un audimat facile. J'ai en effet calculé que l'on avait pu revoir (et réentendre) Dalida, pas moins de cinquante-sept fois durant l'année 88 (et c'est pas fini, les fêtes approchent), alors que pour la même période Rika Zaraï, qui est aussi vivace et increvable qu'un plant de chèvrefeuille, n'arrivait à se glisser qu'une trentaine de fois à l'écran pour vanter ses potions magiques anti-furoncles. Et je m'en réjouis.

(Quoique.)

Sanson et Dalida n'étant plus là, aussitôt, une nuée de nymphettes pubères aussi douées pour le chant que moi pour l'élagage des troncs de séquoias géants dans le Grand Nord canadien, en profita pour envahir les Hit-Parades.

Mais aujourd'hui, c'est fini. Véronique est de retour.

Et ce n'est pas un hasard si nous la recevons quelques jours après Souchon, puisque sa dernière tournée, il y a deux ans, elle la fit justement avec lui.

Car Sanson aime Souchon, enfin, les chansons de Souchon, comme d'ailleurs Souchon aime Sanson avec ou sans chansons. Du reste c'est quand Sanson était sans le sou que Souchon louchant sur ses nichons la sauva, la Sanson, en la faisant chanter dans son show. Eh oui !

Alain ne fut toutefois pas le premier à s'émerveiller des performances vocales de Véronique.

Tout le monde sait qu'elle passe du grave à l'aigu, du guttural au cristallin, du caverneux au strident en moins de temps qu'il n'en faut à Patrice Laffont pour se souvenir si les consonnes sont toujours à droite et les voyelles à gauche. Mais ce qui rend Véronique à nulle autre pareille, c'est cette espèce de léger écho naturel qui lui permet de moduler ses mots avec un swing formidable. Techniquement, ça s'appelle un vibrato, à ne pas confondre avec le vibro qu'utilise Sabrina et qui n'a rien de naturel puisqu'il marche à piles.

Le vibrato est très difficile à produire, mon cher Philippe. On peut bien sûr s'aider d'artifices grossiers, comme se tapoter la gorge du bord de la main, tout en disant « Banane ». Écoutez : « Banane. »

Essayez vous-même. Vous voyez c'est pas terrible.

On peut tenter de le produire naturellement en imaginant qu'on est une chambre à air et qu'une main secourable vous file un coup de pompe (arrête, tu m'excites). Auquel cas ça donne : « Banane », mais c'est pas terrible non plus. Essayez quand même.

Des peuplades lointaines et teutonnes ont même imaginé des chansons entières sur le modèle du vibrato : ce sont les fameuses tyroliennes du genre lailoilo, qui, à mon sens, restent très loin de la réalité et évoquent plutôt le cri poussé par l'individu de sexe masculin, lorsqu'il se fait coincer les testicules dans des portes d'ascenseur.

Pour les mêmes raisons, on retrouve chez nos amis américains que Véronique connaît bien, et plus particulièrement du côté des populations cow-boy, ce cri déchirant « Yiha », que l'on prend à tort pour une invitation à la fête, quand il ne s'agit que de l'expression de la terrible douleur ressentie par le concurrent de rodéo, au moment où il s'écrase les mêmes testicules sur la croupe du buffle bondissant comme Claude François à la grande époque, et rendu fou — le buffle, pas Claude François — par les ligatures des siennes.

De couilles.

Non vraiment, le vibrato est une technique parti-
culière, et Véronique s'en est faite la championne.

Ce n'est certes que la goutte d'eau dans le lac de
son talent, mais sans doute la plus notable.

Comme une signature, une griffe immédiatement
identifiable. Un peu comme pour vous, Philou,
quand, d'ici une génération ou deux on se souvien-
dra de vous en disant : Ah ! oui ! le journaliste qui
gardait toujours son casque pour présenter *Nulle part
ailleurs*.

portrait de

Jeanne Moreau

Jeanne Moreau a fait des tas de choses épatantes dans sa vie, mais l'une d'elles me touche particulièrement : elle n'a pas écrit ses mémoires.

Et ça me touche pour deux raisons : d'abord parce que tout le monde écrit ses mémoires ces jours-ci : du plus obscur ministre du Commerce extérieur à Danièle Gilbert qui en profite au passage pour balancer à mort (et pas le commerce extérieur, puisqu'elle est persuadée que le commerce extérieur, c'est quand on fait ses courses en plein air) en passant par Linda de Suza qu'on préfère quand même quand elle chante l'hymne célèbre des femmes de ménage de la Péninsule ibérique : « *La moustache, c'est bien, mais qu'après, il faut détacher*. »

La 2e raison (arrêtez de me regarder comme ça Jeanne, s'il vous plaît, je n'arriverai jamais au bout), la 2e raison pour laquelle je me réjouis que Jeanne n'ait pas écrit ses Mémoires, c'est elle-même qui me la fournit quand elle déclare, je cite : « Il faut choisir : vivre sa vie ou s'arrêter pour la raconter. »

D'autant plus que, comme vous le chantez : vous avez la mémoire qui flanche.

Eh bien, moi, je vous offre simplement la possibilité de continuer à vivre votre vie en laissant à quelqu'un — tiens au hasard, moi, justement — le soin de la raconter, autrement dit, en me laissant devenir votre biographe.

Attention, j'ai pas dit nègre.

Vous ne faites pas partie comme Sulitzer ou Rika Zaraï de ces mous de la plume qui, s'ils savent bien qu'une phrase c'est sujet-verbe-complément, ne se souviennent jamais de l'ordre exact. Non, non. Biographe.

Et, du coup, ce ne seraient plus des Mémoires, ce qui tombe bien, vu que, en ce qui me concerne, si j'ai quelques points communs avec les éléphants, c'est pas du côté de la mémoire qu'il faut chercher. Ni des oreilles d'ailleurs.

Vous allez me dire : il y a déjà eu pas mal de bouquins sur moi, dont l'excellent ouvrage de Jean-Claude Moireau, intitulé, je vous le donne en mille : *Jeanne Moreau* (et non pas, pour des raisons évidentes, Charlton Heston).

Je sais, je sais, mais, comme dit le proverbe, une hirondelle ne fait pas le printemps, et puis, moi, Jeanne — je vous supplie, ne me regardez pas avec ces yeux-là —, oui, moi je ferais un truc un peu différent, pas forcément aussi exhaustif, mais au moins tout aussi passionné.

Car comment ne pas éprouver pour vous cette passion qui, si elle ne s'exprime pas toujours avec le raffinement le plus absolu — j'en veux pour témoignage les feulements terribles et les coups de masse qui nous parvinrent du bureau de Philou, quand on lui apprit que vous acceptiez de participer à *Nulle part ailleurs* —, n'en devient pas moins, à travers vous, le dénominateur commun d'une quantité faramineuse d'hommes de goût, si l'on en excepte toutefois le petit David, de David et Jonathan, qui est toujours persuadé que vous êtes une marque d'alcool. Comme Marie Brizard ou la veuve Clicquot.

Oui, Jeanne — enfin, par pitié, ne me regardez pas comme ça —, je ferais un bon biographe.

D'autant plus qu'à travers mille choses que j'ai peu à peu appris de vous, j'ai fini par découvrir à quel point nous étions proches l'un de l'autre.

Vous aimez Charles Trenet ?

J'ai toujours une K7 de Charles Trenet sur moi.

Vous raffolez de la tisane d'églantine ?

J'en ai deux-trois litres infusés en permanence.

Vous avez toujours sur vous un couteau et du poivre italien ?

J'en ai, en veux-tu en voilà.

Vous avez travaillé sur un scénario avec Jim Harrison ?

C'est un de mes auteurs préférés.

Vous détestez la matière plastique ? Pouah !

Vous faites tout le temps des photos ? Attention au petit oiseau.

Vous n'avez jamais de carte de visite sur vous ?

Moi non plus.

Enfin, et ce ne sont là que quelques exemples entre

mille, vous emportez toujours en voyage votre propre oreiller, votre petite lampe de lecture, vos bouquins, vos shampooings, des bigoudis, un séchoir, un plaid pour colorer vos chambres d'hôtel.

Regardez, voici la valise que je m'apprêtais à emporter avec moi pour les congés de Noël.

Ah alors ! Mais je vois dans vos yeux un étonnement empreint de compassion face à mon agitation frénétique, et je sens bien que, désireuse de ne pas me blesser, vous cherchez vos mots pour renvoyer l'importun que je suis à ses gribouillis quotidiens. Alors, Jeanne, je ne vous demanderai qu'une ultime faveur : celle de me dire de cette voix dont la sensualité aurait évité la tragédie du *Titanic*, vu que l'iceberg aurait fondu bien longtemps avant son passage, en vous entendant ; oui, la faveur de me dire, à moi et rien qu'à moi : « Non, Antoine, une autre fois peut-être. »

Pierre Perret

Au risque de surprendre certains téléspectateurs pour qui le paroxysme du doute métaphysique se situe à 19 h 58, lorsqu'ils sont sur le point de savoir laquelle des grosses boules du loto, la 7, la 9, ou la 12, va finir par s'immobiliser dans ce putain de tunnel de la chance, oui au risque de surprendre ce type d'individu, je dirai clair et net que, contrairement aux apparences, il y a plusieurs Pierre Perret.

Je m'explique.

Tout le monde connaît Perret le chanteur, célèbre entre autres pour avoir su mettre les points sur les zizis, en résumant d'une manière on ne peut plus elliptique un objet (un objet de convoitise même, pour Pascal Sevran), un objet qui avait autant d'appellations que Rika Zaraï de remèdes contre les furoncles.

Souvenez-vous, avant Perret, on hésitait souvent entre zob, zigounette, tobe, quéquette, paf, coquette, cigare à moustaches, bambou, popaul, ou robinet d'amour.

Après Perret, tout devint simple et bisyllabique, et sa chanson du zizi fut bientôt sur toutes les lèvres.

Tout le monde connaît aussi Perret le gourmand, gastronome réputé qui publia un réveil de recettes aux noms évocateurs.

Souvenez-vous : les salades de glands macérés dans leur crème, les beignets d'andouillettes marinés dans leur jus, la belle paire de grenouilles avec sa ratatouille, ou encore bien sûr, la tête de veau nature, le plat préféré de Jean-Claude Bourret.

Tout le monde découvre aujourd'hui le Perret pour les enfants, mais celui que je voudrais vous faire découvrir, c'est le Perret caché, secret, qui vit reclus dans sa gentilhommière de Lagarde-Dieu, tel un seigneur féodal.

Eh oui, nous avons récemment reçu Gérard Jugnot (nouveau Bayard), et évoqué à travers lui le Moyen Âge finissant, mais vous allez voir qu'à côté de Pierre, c'était de la roupie de chansonnette, si je puis dire.

Car pour être féodal, il l'est Pierre, au point de faire passer les vieilles souches légèrement vermoulues de la famille d'Orléans (je parle ici des fin de race, qui, à l'époque révolutionnaire du tout-à-l'égout prétendent encore au trône), de les faire passer donc pour des cybernéticiens performants de l'avenir. Si je m'autorise à des images si hardies, c'est simplement parce que Pierre vit en autarcie complète, autrement dit (pour ceux qui manquent parfois un épisode *Des chiffres et des lettres* ou qui ne regardent que Sabatier) en se suffisant totalement à lui-même.

Et je le prouve : j'ai visité la propriété de Pierre où il met en pratique le conseil voltairien : « Il faut cultiver son jardin. » J'ai vu un potager, jardin

extraordinaire, où des aubergines turgescentes pro-
lifèrent à côté de courgettes turgicides, tandis que
s'érigent fièrement dans le petit matin des concom-
bres géants à en rendre malade Herbert Léonard, sans
même parler de ces ravissantes olives vertes dont
Pierre aime tant la première pression à froid. J'ai vu
des bassins où frétillent gaiement des luisantes anguil-
les, des perches tendues, pendant que reposent des
morues que Pierre tient à dessaler lui-même.

Pierre, qui s'est d'ailleurs découvert des vertus de
conchyliculteur puisqu'il gère quelques parcs d'huîtres et de coquillages, sans oublier les moules qu'il
prend la peine de nourrir lui-même, une à une, grâce
à l'astucieuse gaule télescopique de son invention.

J'ai vu son élevage de poules où se croisent les origines les plus diverses, des Brésiliennes du type de
celles que l'on voit picorer parfois dans les bois bor-
dant Paris, des poules sauteuses, ou bien même les
plus chères, les Bressanes, véritables poules de luxe
pour dîners fins.

Et je ne parle même pas du troupeau d'oies que
surveille attentivement un magnifique Jean-Michel
Jarre.

J'ai vu la porcherie du domaine où Pierre castre
lui-même ses verrats.

Il faut tâter les magnifiques saucissons pendant au
plafond, ces exceptionnels bâtons de berger tels que
n'oserait en rêver Justin Bridur lui-même.

Pierre, pour qui rien ne se perd, va jusqu'à récu-
pérer des boyaux dont l'élasticité et la résistance lui
permettent de se garantir contre certains virus à gros

poils qui touchent même les campagnes les plus reculées.

J'ai vu l'étable où il trait lui-même ses vaches (surtout les blanches), avec un art consommé de la manipulation puisqu'il arrive à traire de la main droite, tandis que de la gauche il lit les œuvres littéraires complètes de Brigitte Lahaie que nous aurons la joie d'accueillir en janvier.

Oui, il faut voir ensuite, une fois sa tâche menée à bien, comme ils sont fiers : Perret et son pot au lait.

Bien sûr, il fait aussi ses fromages lui-même, et la détermination avec laquelle il roule ses meules pour les rendre bien compactes est stupéfiante.

Et le pain : je l'ai vu, de mes yeux vu, malaxer des superbes miches, et l'on m'a rapporté que chaque matin il se pétrissait un magnifique bâtard.

Oui, Pierre vit en complète autarcie, et ne laisse à personne le soin de lui fournir ses matières premières, à une exception près toutefois : la pâtisserie, qu'il vient acheter chez Hellegouarch, à Paris, qui d'après lui concocte les meilleurs gâteaux du monde, tout au moins dans un genre dont le nom explique tout le reste : les puits d'amour.

Et je le prouve.

portrait de

Alain Delon

« Toute ma vie, j'ai rêvé d'être une hôtesse de l'air, toute ma vie j'ai rêvé de m'envoyer en l'air », chantait Jacques Dutronc. Eh bien moi, toute ma vie j'ai rêvé d'être Alain Delon.

Je dis bien rêvé, hein.

Si certains passent leur temps à vouloir être calife à la place du calife, moi je n'ai jamais *voulu* être Alain Delon à la place d'Alain Delon.

Je ne me suis jamais pris pour lui, et lui non plus, d'ailleurs, il ne s'est jamais pris pour lui, puisque, comme il le dit lui-même : « Je ne me prends pas pour Alain Delon, je le suis. »

Et vous, vous me suivez, Philou ? Bon.

D'ailleurs vous conviendrez que si je m'étais pris pour Alain Delon, j'aurais eu l'air idiot.

Car enfin, vous m'avez déjà bien regardé ?

Maigrelet, souffreteux, égrotant, valétudinaire parfois même, j'ai le cheveu gras et terne, et le regard blanc du bovin à peine troublé par l'absence de trains sur la ligne Paris-Bourg-la-Reine, suite à une grève surprise du personnel technique.

C'est bien simple, chaque fois que les maquilleuses de *Nulle part ailleurs* me voient arriver, elles me demandent si c'est contagieux, avant d'appeler leurs copains portugais pour s'attaquer au chantier de mon visage.

Non, je sais ce que je suis, et je sais ce que je vaux, et il serait pathétique de ma part de me prendre, ne serait-ce que la fraction d'une poussière d'un centième de seconde, pour Alain — vous me permettez de vous appeler Alain? (Il me permet de l'appeler Alain! Quand je vais dire à mes copains que j'ai vu Delon et que je l'ai appelé Alain, il vont me dire, je les connais : « Ouah, c'est des conneries. » Heureusement qu'on est à la télé.)

Si j'avais été Alain Delon, j'aurais donc fait du cinéma avec les meilleurs metteurs en scène du monde, j'aurais été tour à tour : légionnaire, Tulipe noire, gangster, flic, le baron de Charlus, Zorro, pilote de Concorde, flic, gitan, déporté, toubib, prince, flic, Marco Polo, champion de tennis, officier des dragons, noble espagnol, Chaban-Delmas, flic assassin de Trotski, aviateur acrobate, prof de philo, et peut-être même flic. J'aurais même pu collaborer avec Francis Lalanne.

Au lieu de cela : je m'esquinte la colonne vertébrale sur des chaises inconfortables, à lire de mes petits yeux astigmates des textes poussivement comiques, écrits dans des bureaux qui ressemblent à s'y méprendre à des placards à balai.

Si j'avais été Alain Delon, j'aurais vécu une grande histoire d'amour avec Rita Cadillac, la danseuse du

Crazy Horse Saloon dont la perfection plastique faisait passer Rita Hayworth pour Raissa Gorbatchev.

Avec Rita Cadillac, et bien que je sois d'une maladresse manuelle qui défie l'entendement, je sens que j'aurais fait des progrès fulgurants en mécanique ondulatoire.

Je me vois comme si j'y étais à m'extasier devant ses pare-chocs rutilants, la qualité de ses amortisseurs, la supériorité de sa suspension, la perfection de son pont arrière. Nous serions partis frein à main dans la main, tous deux sur les routes de l'aventure.

Si j'avais été Alain Delon, en plus de tout ça, j'aurais pu me parfumer avec mon parfum à moi au lieu d'en être réduit à me contenter de ces fragrances bon marché, comme celle dont je m'asperge chaque matin, et dont le nom « Piège-à-meufs », ne tient malheureusement pas ses promesses.

Tout au plus attire-t-il, mon parfum, ces femmes à lunettes, dont la réputation n'est plus à faire, et encore, ces femmes-là ne portent-elles même pas des lunettes griffées Alain Delon.

Si j'avais été Alain Delon, j'aurais voyagé sur la terre entière, et j'aurais été accueilli comme un dieu vivant par l'empire du Milieu, qui n'est pas celui auquel vous pensez, Philippe, mais la Chine, celle d'où Jacques Lanzmann est arrivé à pied, comme il nous le racontait il y a peu.

Du reste, Alain Delon, en Chine, on l'appelle « de Long », le dragon bleu, alors que de Caunes, qui se dit « de Kone », ça signifie le castor libidineux. Vous voyez la différence.

Enfin, si j'avais été Alain Delon, je n'aurais pas eu besoin de faire croire à Maryse que je l'étais, Alain, dans le seul but de la faire succomber à mes charmes, puisqu'elle se refusait au portraitiste que je suis dans la réalité et dont les trilles spirituelles enivrent chaque soir la France télévisuelle.

Eh oui, Philippe, cette silhouette féline que vous croisiez parfois le soir dans votre escalier, le col relevé, les cheveux noirs, les yeux d'un bleu glacé, c'était moi, travesti en Alain Delon.

Et je sombrais doucement — mais sûrement — dans la schizophrénie, au point de me prendre réellement pour lui. Ce soir encore, pour être tout à fait franc, si je sais bien que le personnage qui est là, assis en face de nous, à nous scruter de sa rétine impassible, c'est lui, je me dis que c'est aussi un peu moi, car si j'ai été moi avant d'être lui, je suis devenu lui à force d'être moi qui se prend pour lui.

Vous m'avez suivi ?

portrait de

Claude Nougaro

Mon cher Philippe, je suis d'autant plus réjoui de recevoir Claude sur ce plateau que c'est un compatriote, un païs de mon pays que j'accueille en sa swingante personne.

Eh oui, ma famille comme celle de Nougaro est native de Toulouse. Et pour avoir dès le berceau tété le sein de généreuses nourrices gavées au cassoulet de Castelnaudary, vous constaterez de visu que lui comme moi nous pétons le feu.

Je dis de visu pour comprimer les malodorantes plaisanteries que fait crépiter toute allusion flatulente aux haricots quand on évoque le cassoulet, qui, soit dit en passant, était le plat préféré de Marcel Proust et d'Alain Prost, le pro du pot.

Et, bien sûr (les filets d'oie en moins — végétarienne oblige), l'aliment de Rika Zaraï, la pro des proses.

Et si nous pétons le feu, ce n'est jamais plus haut que ce que la modestie et un sens aigu de la relativité nous permettent, car, à des titres différents, le métier du spectacle a appris aux deux Toulousains que nous sommes que la roche Tarpéienne est souvent proche du Capitole (pas le train, Philou, le monument). C'est-à-dire, et je m'explique, pour les téléspectateurs de Jean-Claude Bourret qui nous regarderaient par hasard, que la chute peut souvent suivre le triomphe, que l'ignominie touche souvent à la gloire.

Mais attention, naître à Toulouse ne peut se traduire en mauvais anglais par *Born to loose* « Né pour perdre ». Non.

C'est tout le contraire. La preuve, c'est que je suis là sur la plus belle chaîne du monde, celle qui en a le plus, après avoir quitté celle qui n'en a qu'une.

La preuve surtout c'est que Claude, vidé comme un malpropre de sa précédente maison de disques plus abruptement qu'un clodo de l'avenue Junot chassé de son banc à coups de pompes par un flic sans cœur et sans entrailles, oui, la preuve que Toulouse c'est « *Not to loose* » — comme l'annonce déjà le titre de son prochain album —, c'est que Claude nous revient triomphalement dans le fracas d'un magnifique succès.

Triomphalement car, il y a quelques mois encore, fusaient des commentaires nécrophiles sur la carrière de Claude. Je cite : « Dans l'arène du show bizz, Nougaro, gladiateur du jazz gisant sur le carreau, baigne dans son sang bigarreau. »

Pire, pouce retourné, les blaireaux de la médiocrité exigeaient la mise à mort. « Le coup de grâce pour ce ringard grimaçaient les charognards », croassant comme des corbeaux.

Ils continuaient ainsi : « Achevons-le, puisqu'on

achève bien les taureaux. Les oreilles et la queue, la musique et l'amour sont ses raisons d'être, coupons tout. Montées en amulettes ce sera rigolo ! Ou plutôt, bourreau, passez-lui le garrot, serrez-lui le colbac, qu'on strangule sans remords la voix de Nougaro, nouez ces cordes vocales au vibrato si chaud ! La mode est aux crécelles, aux sirops très mollos, aux David et Jonatho, faisons des gorges chaudes des voix de bel canto. Brûlez-lui donc la langue au feu d'un brasero. Et qu'on enterre dare-dare ce cathare dans l'oubli du tombeau. »

Oui, ainsi s'exprimaient ces sinistres augures.

Mais faire taire ce gars-là, ce n'est pas du nougat.

Tel phénix surgissant de ses cendres, Nougaro rejaillit — décollage vertical —, albatros baudelairien non autopsié par l'empailleur Bernard-Henri Lévy.

Il s'envole vers le Nouveau Monde pour renaître à New York, Mecque du jazz où il se pose sur la pierre sacrée du pèlerin : le bloc de Mingus.

Et là quel chorus ! quel panache ! Comme son écureuil à Central Park, Claude, en un bond cosmique s'élance au sommet de l'Empire State Building !

Il est King Kong galvanisé, se percussionnant le poitrail, Gong simiesque, à tous les échos du rock baroque, du funk rococo. Dans la nuit de Harlem, il écume de plaisir et de peur, ses cheveux se hérissent, déjà lui poussent des riffs ravageurs. Peau noircie, il perd forme européenne, cuir funkise, les yeux blues, c'est la métamorphose qui fait hurler à Claude : gare-gare-gare ici Nou-Garou !

portrait de

Frédéric Dard

Mon cher Philippe,

Vous vous fourriez le doigt dans l'œil jusqu'au coude — ce qui dans votre cas représente, il est vrai, une distance infime — si vous imaginiez que, pour rester fidèle à la réputation de ces portraits, j'allais enfiler aujourd'hui encore un chapelet d'insanités plus ou moins fondées pour faire rire ou simplement sourire aux dépens de notre invité.

Car, figurez-vous que l'homme que nous avons en face de nous — et dont les talents d'écriture hors du commun ravalent la très grande majorité de ses confrères au rang des anthropopithèques du quaternaire balbutiant dans une baveuse extase les premières diphtongues de l'histoire de la communication du genre : feu... femme... faim... (eh oui, à deux mots près, le refrain du dernier David et Jonathan) —, oui, l'homme que nous avons en face de nous est tout simplement celui que je considère comme mon père spirituel.

Or, comme vous le savez, et contrairement à ce que la consonance du mot pourrait laisser croire, un père, on n'en a qu'un.

Et c'est là que le problème se corse — chef-lieu
Ajaccio, ajouterait San Antonio —, si l'on considère
que mon véritable père, le temporel, est lui-même très
spirituel.

Ce qui en revient à contredire ce que j'avançais à
l'instant même puisque je me retrouve donc avec deux
pères, autrement dit une paire de pères, tous deux
spirituels, l'un l'étant toutefois moins que l'autre,
dans la mesure où il fallut bien qu'il cessât un moment
de l'être, ne fût-ce que pour participer à ma concep-
tion. J'espère que vous me suivez.

Tout ça pour dire que deux pères, c'est encombrant. Surtout pour faire du vélo.

C'est encombrant, mais en même temps, c'est un
privilège. Car de fait, on est sûr d'en avoir toujours
un sous la main. De père.

Ainsi, pendant que l'auteur de mes jours vagabon-
dait de continent en continent à la recherche de
l'aventure, dans des contrées où la main de l'homme
n'avait jamais mis le pied, c'est auprès de l'auteur
tout court, San Antonio, ici présent, que je me réfu-
giais, et il me faisait découvrir entre autres, où il faut
mettre la main de l'homme pour arriver à prendre
correctement son pied.

C'est ligne par ligne que je savourais les abraca-
dabrantes aventures du commissaire, sous des titres
aussi explicites que *J'ai essayé, on peut*, *Remets ton
slip, gondolier*, *Si ma tante en avait*, et autres *Bouge
ton pied que je voie la mer*. Il va sans dire que ces
lectures n'étaient pas du goût de tout le monde, et
que certains esprits chagrins eussent préféré me voir

me délecter de certains textes pour handicapés du bulbe, du genre *Les Rois maudits* de Maurice Druon, ou l'intégrale de Roger Martin du Gard.

Chez mes amis les Jésuites par exemple (dont le port de la soutane dissimule mal la turgidité des mœurs), j'eus à payer de dizaines d'heures de colle la lecture de San Antonio.

Mais je parle d'un temps que les moins de vingt ans ne peuvent pas connaître, et où il suffisait de s'afficher un San Antonio à la main pour montrer à quel camp on appartenait.

C'était une chouette époque, dont je me souviens avec nostalgie, vu qu'aujourd'hui c'est pas avec des supercopters, K 200, Marc et Sophie et autres super-burnes contre couille-molle que les gamins vont se fabriquer des révoltes sur mesure, en fer forgé.

San Antonio, l'homme au regard d'enfant, mais aux paluches de primate arboricole ou de restaurateur lyonnais (suivant que l'on est zoophile ou gastronome), c'est lui qui m'a appris à lire, à rire, à durcir, à grandir, à réfléchir, à m'épanouir, et surtout, oui, à réagir contre tout ce qui pouvait s'apparenter de près ou de loin à une manifestation de l'universelle connerie.

Autant dire qu'il me faudrait des semaines entières pour faire le portrait de cet homme que je vénère avec plus de ferveur que n'en montrèrent jamais les Aztèques à l'égard de Tezcatlipoca, le dieu de la nuit qui n'a même pas droit à une impasse dans Paris, alors que des rues entières portent le nom de Bourret.

Pas Jean-Claude, l'autre, mais quand même.

Comme quoi, on est vraiment peu de chose.

Et puis, de toute façon, pourquoi chercher à décrire ce qui se déchiffre instantanément et aussi facilement que l'absence de compassion et d'humanité dans le regard de Jean-Marie Le Pen. Franchement, Philippe, regardez la bouille de Frédéric, détaillez-moi ce tarbouif offert à toutes les senteurs, ce front intelligemment bombé qui n'éprouve pas le besoin de se camoufler derrière une ridicule moumoutte, ces portugaises à l'affût du moindre bruit — je dis à l'affût du moindre bruit — ce clavier superbe en état de marche, et puis ces mirettes, ces fenêtres de l'âme, comme dit l'autre pomme, qui en disent plus sur Frédéric que les thèses que lui consacrent les universitaires. Croyez-moi, j'ai pratiqué l'animal, et pas dans des cocktails mondains où les échanges se résument à des secouages de pognes sur l'air de : « J'aime beaucoup ce que vous faites. »

Non, je le connais mon Fredo.

Et je vous dirais même que tant que vous l'avez sous la main, vous feriez bien de le toucher.

Non pas parce qu'il est solide comme du bois (bien qu'il s'en vante suffisamment), mais parce que s'il n'en restait qu'un dans son genre, sur cette foutue planète, ça suffirait à nous donner à tous une raison de continuer.

Parole de De Caunes.

portrait de

Roland Magdane

Bonsoir monsieur, bonsoir Magdane.

Avant toutes choses, mon cher Roland, je vous demanderai de m'autoriser un de ces apartés dont j'ai le secret. (Je vous remercie, mais vous ne perdez rien pour attendre, rassurez-vous, je suis à vous tout de suite.)

Voilà, vivant loin d'ici, vous l'ignorez sans doute, mais nous avons découvert il y a quelques jours que Philippe était originaire d'un village de très basse Bretagne, Saint-Gildas. Eh bien la commune de Saint-Gildas, très touchée de notre intérêt soudain, et désireuse de nous manifester sa reconnaissance pour avoir signalé au monde sa simple existence, nous a gentiment proposé de nous communiquer chaque semaine un de ces dictons de basse Bretagne dont le bon sens ferait retrouver le sourire à Bernard-Henri Lévy, qui n'est pas content parce que le Goncourt toujours.

Mais rassure-toi BHL, tu le rattraperas.

Premier proverbe de Saint-Gildas, donc, et qui plus est un proverbe que vous connaissez, Philippe, pour

l'avoir appris enfant, quand vous couriez à hauteur
de volaille dans la basse-cour de vos petits cousins.
Êtes-vous prêts, il s'agit de chapons, les coqs cruelle-
ment castrés à l'approche des fêtes, alors voilà :
« La poule cha pond, alors que le chapon, cha pond
pas. »

Mais trêve de coq-à-l'âne, revenons à Magdane.

N'allez pas imaginer qu'en dépit de ses bacchan-
tes, je prenne notre invité pour une femme en le
saluant comme je le fis dans le seul but de faire rire
les plus simples d'entre vous.

Cha moustache de chapeur (je n'ai pas dit cha
moustache de Chapier qui, lui, est glabre de partout
comme une de ces jeunes filles nubiles dont vous êtes
si friand, Philippe, puisqu'elles vous zob-nubilent,
ces jeunes filles-là), sa moustache de sapeur, donc,
témoigne de l'incontestable virilité de Roland, qui,
s'il souffle parfois dans des corps, exige qu'ils soient
toujours féminins.

Roland, que je sache, est de plus un prénom bien
masculin comme Henri ou Pascal, ou, pour en citer
deux autres encore, au hasard, David et Jonathan.

Non, pas de confusion possible.

Que Dieu me damne s'il y a maldonne, Magdane
est bien un homme. Certains esprits circonspects
objecteront : « Non, ce n'est pas un homme, c'est
un fantôme. »

Roland Magdane, le vrai, n'ayant plus donné de
ses nouvelles depuis presque quatre ans, ce que vous
voyez assis là, en face de moi, n'est qu'un spectre,
un ectoplasme émané du médium médiatique qu'est

Philippe Gildas, car il a des pouvoirs, Philou, puisqu'il a réussi à faire infuser en direct sur ce plateau la momie de Rika Zaraï. Et ce n'est pas tout : il est aussi un pratiquant assidu de la lévitation qu'il découvrit grâce à moi, notez bien.

D'ailleurs c'est bien simple, depuis qu'elle me connaît, Maryse l'évite.

Eh bien non, c'est bel et bien Roland que nous avons là ce soir. Et c'est pour cela qu'usant d'un subterfuge un peu facile, et d'un mauvais jeu de mots dont le sens n'aurait pas échappé même à J.-C. Bourret, je lui ai serré la main tout à l'heure.

Et je peux maintenant vous le dire, si Roland revient de quelque part, ce n'est pas d'outre-tombe, mais d'outre-Atlantique.

En effet, Roland partit courageusement il y a quelques années à la conquête de l'Amérique et de son univers impitoyable.

Il pensait d'abord faire du cinéma, puisqu'on lui avait proposé de tourner la suite du film qui révéla Dustin Hoffman : *Madgane Cowboy*. Hélas ! le projet capota, et Roland dut survivre d'expédients en travaillant dans un restaurant.

Un Magdonald.

Les affaires reprenant, il imagina ouvrir un café qu'il aurait baptisé le Magdane Café, mais le démon de la scène ne l'avait pas quitté, et il mit au point un nouveau one man show dans la langue de Henry Miller qui est aussi curieusement celle de Sylvester Stallone. (C'est une terre de contrastes. Vous me direz, ici, on a bien Marcel Proust et Danièle Gilbert.)

Ses débuts furent difficiles puisque, tentant de traduire mot à mot cette onomatopée qui fit sa gloire :
« glin glin », il se heurta à un mur d'incompréhension, puisque glin glin en anglais perd tout son sens.
En effet, cela devient « glin glin », ce qui est considérablement moins drôle, surtout sur la côte Est.

Et d'ailleurs, on le soumit alors à bon nombre
d'alcootests pour vérifier son taux d'alcoolémie.
D'alcoolémie caution, faut-il le préciser ?

Reprenant ses bagages, Roland s'envole alors vers
l'alcootouest, plus tolérante.

Et là, à L.A., il l'a, le succès.

Marchant sur les traces d'illustres prédécesseurs,
Charles Boyer, Maurice Chevalier, Sylvie Vartan,
Marcel Cerdan, Line Renaud et Dick Rivers (non,
pas Dick Rivers) Roland s'impose peu à peu comme
la nouvelle sensation : *the new sensation*, comme on
dit là-bas. Aujourd'hui, il n'est que de passage à Paris
et je vous demanderai donc, cher public, de l'accueillir, en le saluant comme il le mérite d'un chaleureux
glin glin d'honneur.

Attention, tous ensemble, avec les deux mains :
1-2-3 : glin glin.

portrait de

Jacques Audiard

N'attendez pas après moi pour vous dire le contraire : s'il est difficile de se faire un nom sur cette foutue planète, il est une chose qui l'est encore plus, difficile, et c'est pas la peinture à l'huile.

Non, je veux bien entendu parler du prénom qu'il reste à conquérir une fois que le nom l'est, conquis.

D'autant plus que tout se complique encore quand on a la fâcheuse idée de choisir le même genre de terrain que son glorieux géniteur. Et ce n'est pas le jeune Xavier Antony qui, vingt-deux ans après Richard, continue à entendre siffler le même train, qui me contredira.

(J'en profite du reste pour lui apprendre que depuis le remplacement des locomotives à vapeur par des automotrices informatisées, les trains ont définitivement cessé de siffler.)

Autant dire que lorsque le jeune Audiard décida d'emprunter la voie royale tracée par Michel, son père, les bonnes âmes, qui font de ce séjour terrestre une antenne permanente du Club Med, l'attendaient au tournant.

Conscient du fait que l'art, c'est d'abord de la technique, Jacques n'hésita pas à mettre la main à la pâte, si je puis dire, en s'initiant aux joies du montage sur de nombreux films dont voici quelques titres : *Lascives, chiennes fidèles*, *Louves lubriques pour chaperons écarlates*, *Gros zobs pour petites salopes*, etc., etc. Tous, il les a montés, ces films.

Et je passe sous silence *Les Choses de la vie* de Claude Sautet, pour la bonne et simple raison qu'avec l'âge, Claude s'est un peu tassé, qu'il saute moins et que, de toute façon, Jacques, lui, a cessé de monter (je veux parler des films de Claude Sautet). C'est donc une fois le cinéma bien en main qu'il s'essaya au scénario et dialogues auxquels son père avait donné, avec les Prévert et autres Jeanson, ses véritables lettres de noblesse.

Car elle est là la vraie noblesse du cinéma : dans ces mots d'auteur qui basculent dans la vraie vie, au point d'en devenir des aphorismes du quotidien.

Et je ne résisterai pas au bonheur d'en citer une petite poignée. Souvenez-vous : « Si les cons volaient, tu serais chef d'escadrille », ou encore : « Quand on mettra les cons sur orbite, t'auras pas fini de tourner », et autres : « Deux intellectuels assis vont moins loin qu'une brute qui marche. »

Michel Audiard avait peut-être une réputation de rigolo, et d'auteur de bons mots, mais il avait aussi, comme chacun de nous (si l'on excepte Patrick Sabatier et David et Jonathan), une dimension tragique abyssale à en émouvoir les fondations en béton précontraint du pont de l'île de Ré, voire même Francis Bouygues en personne. Il ricanait dans les ténèbres, le père Audiard, et Dieu sait si c'est là le ricanement le plus fou.

Et si je dis tout ça, c'est pas pour parler de Michel à la place de Jacques et m'en sortir aussi facilement, mais simplement parce que j'ai retrouvé ces qualités dans *Baxter*, le film que Jacques vient de scénariser et dialoguer.

Baxter, et bien que le film soit placé sous dominante noire — question humeur et humour —, c'est un véritable souffle d'air frais, si l'on considère l'importance prise par les animaux dans le cinéma ces derniers temps.

Il y a seulement quelques années, la tendance était plutôt au documentaire animalier du style *L'Élevage des babouins priapiques en Afrique australe* ou encore *L'Éléphantiasis des bourses chez l'épagneul breton de Saint-Gildas-des-Bois*.

Bien sûr, le cinéma avait déjà fait appel à nos amies les bêtes : qu'on se souvienne de King Kong, de Lassie, de Rintintin, de Francis Huster dans le Faucon, ou plus récemment des dauphins, lapins, et autres ours qui déboulèrent dans les salles. Seulement voilà, aucune de ces bestioles-là n'était capable de penser (de réfléchir, quoi), cette dernière fonction étant celle qui distingue l'homme du reste du règne animal, et Patrice Laffont du mobilier de l'émission *Des chiffres et des lettres*.

Or, Baxter, le chien de Jacques Audiard, pense, lui, ou, mieux encore, il porte un regard sur l'univers effroyable qui l'entoure, un regard froid et blanc, un regard lucide.

Je dis ça pour ceux qui s'attendaient à retomber pour la énième fois sur le genre de film plein de bruits bizarres, de bestiaux qui couinent, jappent, blatèrent, hennissent, feulent, caquettent, cancanent, croassent, ahanent, roucoulent, et j'en passe. Non, Baxter c'est pas ça, j'irai même jusqu'à dire que c'est le contraire, puisque la ménagerie, elle n'est pas vraiment située du côté des animaux, mais plutôt du nôtre.

Félicitons donc Jacques, Jérôme Boivin, et Baxter lui-même d'avoir pour une fois renversé la vapeur dans le bon sens.

Et puisque Baxter est un chien vraiment malin et raffiné (la preuve, ce n'est pas Dorothée qui chante la chanson du générique), je lui proposerai cette sentence de Michel de Montaigne, détournée par notre regretté Pierre Desproges, je cite :

« Plus je vois les hommes, plus j'aime mon chien. Plus je vois ma femme, plus j'aime ma chienne. »

portrait de

Jean Vautrin

Jean Vautrin a déclaré un jour qu'il accordait une réelle importance au bombardement qu'on subit pendant son enfance. Eh bien, moi aussi.

Et vous imaginez donc aisément avec quelle facilité le titre de son livre *Dix-Huit Tentatives pour devenir un saint* a réveillé en moi les souvenirs encore vifs de la très chrétienne éducation que me dispensèrent (main de fer dans un gant de velours, ou plutôt l'inverse) les frères quatre bras dans leurs institutions jésuitiques.

Toute mon enfance, en effet, poussé à fond par mes éducateurs en soutane, je m'étais pénétré du devoir de devenir un saint, autrement dit l'un de ces élus purs et parfaits dont la suprême récompense (d'une impérissable félicité) consiste à se retrouver bien calé entre deux gros saints... du calendrier.

Par exemple avant saint Gildas des Bois, et juste sous saint Birous (quoique la seule ayant le droit de se retrouver sous Birous, soit bien sûr sainte Bernadette).

Bref, comme mon saint patron Antoine (pas de

Padoue, dit le pas doué, fêté le 13 juin, mais Antoine le cé-no-bi-te (j'articule à l'intention de Jean-Claude Bourret : les cénobites n'étant pas ce qu'il imagine, mais des ermites), comme saint Antoine, donc, j'eus à résister à bien des tentations dans mes tentatives pour devenir un saint.

Bien vite pourtant une contradiction majeure du dogme vint ruiner mes aspirations : comment rester pur et sans tache tout en désirant ardemment une auréole dont on sait que ça a du mal à partir, même sur une soutane lavée à l'Omo (la lessive).

Le résultat ne se fit pas attendre : je perdis la foi.

Ne sachant plus à quel saint me vouer, je reportais alors ma dévotion ébranlée sur ceux de créatures dont je dissimulais les images pieuses, sous mon matelas.

Mal m'en prit, car mon confesseur, le bon père de Burnes, découvrit que son petit disciple, dont il voulait faire un saint, ne l'était pas, sain, puisqu'il préférait les aréoles mammaires aux auréoles du père.

Ainsi, après m'avoir confisqué mon stock, il se vida (pardon, il y a une faute de frappe) : il me vida.

Renvoyé, je n'eus alors de cesse d'assouvir mes desseins mammaires, jusqu'à ce que je caressasse enfin une paire, et pas qu'en dessin. Et depuis, je continue à vouer un culte assidu à saint Robert, saint Nibard et même sainte Doudoune, de Nice.

(Nice, la ville dont le maire est précisément Jacques mes deux seins.) Je réussis même à communiquer ma ferveur à Philou, qui, depuis l'apparition de Mathilda May sur ce plateau (et en attendant celle de Brigitte Lahaie dans huit jours exactement ah ah ah ah), manifeste le zèle fanatique de l'intégriste fraîchement converti.

Tiens, hier encore, des millions de téléspectateurs ne l'entendaient-ils pas déplorer, face à Jacques Audiard, la raréfaction des films de culte?

Mais rassurez-vous Philippe, à Saint-Gildas-des-Bois, des cierges turgides brûlent pour vous.

Vous parviendrez à la sainteté.

Tout comme Vautrin qui lui aussi mériterait d'être canonisé par le Saint-Siège — comme dirait Pascal Sevran. Oui, canonisé, puisqu'à 40 ans, en pleine ascension dans la gloire cinématographique, Jean se dépouilla de son nom reconnu, celui d'Herman, pour endosser un pseudonyme.

Il renonça au cinéma, à la télé, à la pub, et je dirai que, dans ce siècle de fer, ces trois tentatives en valent bien dix-huit et sont à mes yeux suffisantes pour être sanctifiées.

Vautrin est entré en écriture comme on doit le faire quand on se veut écrivain.

Il y est entré comme en religion, formulant des vœux perpétuels, et la littérature à perpète, c'est vraiment, ce que méchamment je souhaite à ce forçat de l'écriture qui, ce n'est pas un hasard, s'est choisi un pseudo de bagnard balzacien.

Et qu'il ait la bonté de ne jamais s'évader de ce pénitencier, fût-ce à vélo, qu'il pratique passionnément, ce qui constitue à mes yeux une tentative supplémentaire de Vautrin pour accéder à la sainteté.

Enfin, puisque nous sommes en odeur de sainteté, je vous rappelle qu'aujourd'hui, 17 janvier, c'est la Saint-Antoine. Eh oui. Et comme je vois que vous avez bien sûr pensé à moi, mon cher Philippe, je me suis offert à moi-même un cadeau.

— Bonne fête Antoine.

— Merci Antoine. C'est très gentil. Qu'est-ce que c'est ?

— Oh. Dix-huit tentatives pour devenir un saint de Jean Vautrin. Ça c'est un beau cadeau.

portrait de

Jean-Lou Dabadie

Ce matin, Gildas m'a dit, ce soir c'est Dabadie.
« T'as dit Dabadie », lui dis-je. « Oui, Dabadie »,
qui m'répondit.

J'en restai baba, ébahi.

J'attendais Demy. Jacques Demy.

Et dare dare, je dus donc déterrer mon dossier
Dabadie pour dénicher de l'inédit, et broder un portrait pas barbant.

Tout petit, le petit Dabadie était un doux bébé. Il
biberonnait les doudounes de sa doudou.

Ah ! les beaux obus épanouis.

Et babillant dans son dodo : « ba be bi bo bu »
et « da de di do du » (dodus les obus de la doudou)
Dabadie.

Puis sa doudou repartit tout là-bas d'où elle était
venue, du Dahomey.

Et Dabadie que son dabe a abandonné, fut donné
à sa grand-maman, à son grand-papa.

Un mardi, la mamie, ébaubie, entendit dans la salle
de bains, le lardon chanter tout bas à sa poupée Bar-
bie : « A dada sur mon bidet. Je te lécherai le rou-

doudou, tu suceras mon bilboquet ! » « Da... da...
ba... ba... di... di..., bégaya la mamie ébahie... Tu
n'es qu'un bandit débile ! »

« Oui », abonda le papy (un barbon, un birbe
gaga).

« C'est pas bien tout ça, où l'as-tu appris ? Encore
dans les BD : Babar, Dumbo, Bambi, Boule et Bill,
Bim, Bam, Boum, Bibo ou Tom Billiby ? Prends tout
ton barda ou ça va barder. »

Dabadie avait grandi. A brides abattues, il se barra
de là.

Pour oublier tout ça, il but de la bibine, du
bordeaux, du blanc de blanc, du bo, du bon,
Dubonnet.

Habillé en babé, dans le métro, sans un radis,
Dabadie mendia. Tapant les passants : « Da ba dix
balles ? »

Heureusement à Barbès ou à Odessa, je ne sais
plus, je ne sais pas, il rencontra un chef de pub qui
l'engagea.

Alors vint le succès à Dabadie on doit :
« Et Dabadi et dabadi, la meilleure eau c'est la
Badoit ! »

« Qu'est-ce que t'as Dabadie dis-donc ? »

« On ne badine pas avec la mûre », une réclame pour
de la confiture. Et encore : « Didon dîna dit-on, du
dos dodu d'un dindon du père Dodu. »

Comme c'est beau la vie !

Partout on loue Jean-Lou le jeune loup.

Puis dans une boum, une surprise Badie, Dabadie
découvre le rock en entendant *Buddy Holly*, *Be my*

baby, *Be-bop à Lula* et surtout *Ouam, dabalom, dabalom, bem boum* !

De la pub aux tubes il n'y a qu'un pas.

Mais à ses débuts dans la chanson Aux Deux Baudets c'est le bide pour Jean-Lou qui compose du « Bidasse rock », des remake de *Tiens voilà du boudin*, de *La Badelon* et de *Chabada chabada* bien sûr.

Mais Dabadie n'a pas dit son dernier mot.

Il crée *Bambino* pour son amie Dalida. Boum succès !

Et tout le monde se souvient de ce qui suivit : « Pou, pou, pidou », c'est lui qui l'adapte pour *BB* ainsi que *La Bamba*, *A dis dou da* chanté par Birkin, c'est du Dabadie, *C'est bidon* de Souchon — aussi, et même *Ah ! qu'il est beau le débit de l'eau, Ah ! qu'il est laid le débit de lait*, chanté par Trenet.

Aujourd'hui, pas du tout bedonnant bas du bide grâce au body building et au pain bis, tout baigne pour Dabadie.

Ce dandy a toujours la banane et fût-il né plus tôt qu'on l'eût adoubé pour avoir redoré le blason du Gascon d'Artagnan, sans même attendre sa prochaine comédie intitulée : *Ma femme secouera les mites de vos habits*.

Un titre prometteur.

portrait de

Michel Sardou

Avant que Philippus parle de vos exploits
Souffrez que j'ose ici me réjouir de son choix
Et qu'à vous voir, Michel, je montre quelque joie
De vous sentir si près, assis, là, près de moi.

Pourtant, tel saint Thomas, il faut que je vous touche
Quitte à passer pour fou, et mériter la douche
Car j'ai douté de vous, eh oui, je le confesse.

Pour bien moins on reçoit des coups de pied aux
    fesses.

« Comment donc, Philippus, m'étonnai-je hier soir,
Sardou, le deux, chez nous ! je n'ose pas le croire.
Songez que cette star est à son apogée
Et brille bien sans nous ! oui, Philippus, songez
Qu'au ciel du show-bizz, il est l'astre des astres !!
A trop rêver ainsi, vous courez au désastre.
Vous n'allez pas penser que venant du Zénith
Cette idole adulée, cette étoile, ce mythe,
Pourrait paraître ici, à *Nulle part ailleurs*,

Et pour nous agréer, nous consacrer une heure.
— Homme de peu de foi, me répliqua Gildas,
Comme tu fais peu de cas de mon charisme hélas !
— *Char*isme, corrigeai-je, fidèle à ma légende
D'éternel pinailleur, qui jamais ne débande.
Ne te souvient-il pas de nos hôtes passés ?
Étaient-ils inconnus, du public ignorés ?
Crois-tu que ton portrait suffise à les séduire ?
Allons, de cette erreur, cesse donc de t'enduire.
Et sache que celui que l'on reçoit demain
Dans l'éclat de sa gloire, demeure très humain. »

Puis laissant éclater son terrible courroux
Philippus furieux, en oublia Sardou.

« Cruel, me lança-t-il, depuis des mois j'endure
Tes sarcasmes amers, ton ironie si dure,
Ah ! combien de fois, souriant sous l'outrage
Je t'ai laissé railler ma taille, mon grand âge,
Et mon casque intégral, et mes amours exquises,
(Jusqu'à ce nœud très doux qui me lie à Maryse)
Je suis las, Antoinus de ce flot d'insolences,
Attends-toi à goûter le fiel de ma vengeance. »
« Où donc vous croyez-vous ? répliquai-je à Gildas,
Au Théâtre-Français, en train de jouer *Horace* ?
Ne sentîtes-vous point dans mes pignoleries
L'effet de ma tendresse, et les soins d'un ami ?
En dépit que j'en aie, comme on dit chez Molière
Philippe je vous aime, encore mieux qu'un père. »

Mais fi de nos conflits, tirons enfin l'échelle

Honneur à l'invité, revenons à Michel.

Mamelles du destin, qui allaitèrent Sardou
Ce qu'il téta en vous, ce n'est pas du saindoux.
Nichons de sa doudou, ô généreux seins durs
Vous en fîtes un fort, vous en fîtes un dur !
Illustre descendant d'une lignée d'artistes,
Dès le berceau il rêve de se produire en piste.
Mes aïeux, jure-t-il, je serai populaire,
Tel le petit vin blanc, qu'on boit sous les...
     tonnerres...
D'applaudissements bien sûr, faut-il le préciser
A qui pourraient croire que je me suis gouré.
Car Sardou tout petit était déjà très grand
Et il montrait son cul à... ah... tous les passants.
Les gens disaient de lui : « Quel petit sacripant ! »
Mais lui s'en moquait bien et répondait :
     « Han han. »

Grâce aux dieux, le succès outre ses espérances,
Le talent, le travail, se conjuguent à la chance
Il règne sans partage sur tous les hit-parades
Et de tous ces triomphes, j'ai fait cette tirade :

« La maladie d'amour elle marche en avant
Même si de nos jours on l'attrape en r'culant
J'habite en France, les burnes à l'étranger,
Je suis pour, moi monsieur, et la java : à Broadway
Je vais t'aimer, la vieille, chanson gérontophile,
Et mourir de plaisir, dans ton Thermolactyl. »

Mais achevons ici le cours de ces exploits
Vous les connaissez tous, sans doute mieux que
   moi.
C'est la même eau qui coule, et longtemps coulera.

portrait de

Richard Bohringer

Ce matin, en arrivant à Canal, je compris que cette journée ne serait pas comme les autres.

En effet, d'ordinaire, il me suffit de déambuler nonchalamment dans les couloirs pour sentir émanant des bureaux où travaillent, telles de laborieuses abeilles, toutes les magnifiques standardistes, secrétaires, assistantes, dactylos, voire même productrices qui composent le sensuel cheptel de notre chaîne, il me suffit, disais-je donc, d'ordinaire, de déambuler l'air de rien dans les couloirs pour sentir effleurant ma chute de reins, mes mollets rendus avantageux par une pratique assidue du cyclisme, ou encore mes folles boucles auburn (auburn, la couleur, Philippe) battant la chamade sur mon cou d'adolescent grec, pour sentir donc, tous ces regards concupiscents de femelles rendues folles par le désir.

Or, ce matin, rien du tout. Nada. Que dalle. Peau de nibe. Bernique. Ma première réaction fut bien sûr l'incrédulité.

Je décidai de refaire le chemin en sens inverse, puis dans le bon. Peine perdue.

Mes allées et venues faisaient autant d'effet à ces gourgandines qu'un défilé du Front national à la statue de Jeanne d'Arc. Je fis rapidement une inspection générale : avais-je malencontreusement marché dans une de ces innombrables déjections canines dont se tartinent les trottoirs de notre capitale ?

M'étais-je accidentellement aspergé d'huile de foie de morue au petit matin, en lieu et place de mon célèbre parfum « Piège-à-meufs » de Guerlain ?

Avais-je à mon insu pris quelques kilos pendant la nuit, ou encore, un retour fortuit d'acné postpubertique était-il venu ravager mon doux visage durant mon sommeil ?

Non, rien de tout cela.

Et c'est en découvrant sur le tableau semainier le nom de notre invité du soir que je compris l'origine du mal : Richard Bohringer. En effet, Richard jouit auprès du public féminin d'une cote d'amour phénoménale, à en faire passer Alain Delon pour un pétomane grabataire.

Oui, Bohringer plaît aux femmes.

Et il lui suffisait d'annoncer sa venue, pour qu'aussitôt mon règne sur cette cour d'hétaïres insatiables fût menacé dans son fondement même.

Clairvoyant jusqu'au fond du malheur, j'y décelai néanmoins un signe du destin, comme un juste retour des choses, ou (comme dit Justin Bridur) un légitime retour de bâton.

En effet, n'avions-nous pas trop tenté le diable, Philippe, en invitant des Brigitte Lahaie, Jacqueline Bisset, Jeanne Moreau, et autres Mathilda May, ignorant superbement, pour mieux satisfaire les nôtres, les appétits de nos compagnes, qui, pour en être différentes de nous par la taille plus modeste de leurs cerveaux, n'en doivent pas moins être traitées avec autant d'égards que les autres mammifères. Pour mieux comprendre, je me livrai aussitôt à un sondage express, auprès de nos collaboratrices pour savoir qui que quoi qu'est-ce qu'elles lui trouvent à ce Bohringer-là.

En vrac, je dirai qu'elles le trouvent attendrissant, Richard. Je cite : « Il a l'air fragile. On dirait un bébé. Il a une si belle voix, rauque, rocailleuse, gutturale, émouvante. On dirait un homme des bois, un peu rustre, un peu paumé. On sent qu'il a bourlingué. Hein. Il est plein de douceur, en même temps très très masculin. Il a l'air bourré. De tendresse. J'aime bien sa grosse barbe de deux jours. De trois jours. J'aime bien quand il a pas de barbe. Aussi, *il a de jolies fesses musclées*. Il est très sexy. Il aurait pas besoin de me le demander deux fois. Il est félin. Il s'est fait l'autre. J'aime bien ses cicatrices. Il est fragile où il faut, et solide où il faut. *Il paraît qu'il a des énormes claouis*. Et t'as vu ses yeux hein, dis, t'as vu ses yeux ? On sent bien qu'il est généreux. C'est un écorché vif. On dirait un cocker éploré. Si y vient dans ma chambre, j'irai pas dormir dans la salle de bains. »

J'arrête là, je pourrais continuer ainsi une bonne heure. Jusqu'à Philippe Djian, l'écrivain, qui me disait ce matin encore, quand je lui parlais de Richard : « Ce mec-là, il a une âme. » Ah ! Alors ! Comment voulez-vous lutter Philippe ?

Toutes les moumouttes et toutes les talonnettes de la terre n'y changeront rien, nous partons avec un sérieux handicap face à Richard dont le charisme et le magnétisme animal brillent d'une lueur plus éclatante encore que l'étincelle d'incompréhension dans le regard de Jean-Claude Bourret quand on essaie de lui expliquer qu'il n'est plus à l'antenne et que son journal est terminé depuis un bon quart d'heure.

Une âme et une gueule. Bref, de quoi durer dans un univers fait de faux-semblants, et de valeurs à la petite semaine. Car croyez-moi, Philippe, il est devenu rare, à une époque où le summum de l'aventure consiste à aller accrocher un drapeau en deltaplane à l'extrémité du mât d'une planche à voile descendant à contre-courant le fleuve Zambèze, de tomber sur un homme qui a compris pas mal de choses en se déplaçant exclusivement à l'intérieur de lui-même (même si Demis Roussos estime que ça fait déjà une surface estimable). Et qui les transmet, ces choses-là, par la seule fêlure de sa voix, ou cette indiscutable présence du regard. Ouais, mon cher Philippe, on a encore un bout de chemin à faire.

portrait de

Jeanne Mas

On a déjà dit beaucoup de choses au sujet de *Nulle part ailleurs*, mais on n'a jamais assez souligné, tout au moins à mon goût, à quel point cette émission était (pour reprendre une expression en vogue à l'époque où l'on me traînait par les pieds le jeudi après-midi à la salle Pleyel, assister à des conférences sur la migration saisonnière des palmipèdes de Centrafrique), oui à quel point cette émission était une terre de contraste. En effet, quel rapport y a-t-il, je vous le demande, entre Jacinthe Giscard d'Estaing que nous accueillions hier soir et Jeanne Mas aujourd'hui, si ce n'est qu'il s'agit de deux femmes, l'une le manifestant avec plus d'ostentation que l'autre, tandis que l'autre monte considérablement mieux à cheval.

Oui, quel rapport, je vous le demande entre ces deux gourgandines si ce n'est qu'elles réussissent toutes deux dans leurs domaines respectifs.

Prenons Jeanne, par exemple — oh oui, prenons Jeanne —, dont le titre du nouvel album, *Les Crises de l'âme*, révèle de véritables tourments métaphysiques semblables à ceux qui harcelèrent dans sa

grotte mon très saint patron, Antoine le cénobite tran-
quille.

Eh oui, Jeanne, à son tour, semble connaître les
affres de sainte Bernadette se demandant ce qu'elle
allait devenir quand elle était sous Birous.

Mais les crises de l'âme de Jeanne ne datent pas
d'hier. A l'instar de sa protectrice, Jeanne d'Arc (celle
qui ne rit pas quand on la braise), notre Jeanne à nous
entendit très jeune des voix.

Elle laisse alors tomber ses études et part pour la
ville sainte.

La voici à Rome.

Mais, contre toute attente, après de chastes débuts
à Radio-Vatican, jetant son froc aux orties, elle
change de look. Regardez (*photo*) elle est engagée
comme plante verte (pardon comme speakerine) à
Omo-TV, la chaîne qui révéla, quelques années plus
tôt, Enrico Chapiero, Pascalo Sevrano, et Ricardo
Claydermani. Mais sur cette chaîne de solides gaillards, il n'est pas facile d'être femme et Jeanne se
retrouve dans une crêperie show-bizz, où elle sert des
plats aux noms explicites.

Tenez-vous bien : la Belmondo fourrée au saumon,
la Vartan aux tomates, la Delon aux artichauts, sans
parler de plats plus étranges encore, à l'intitulé plus
appétissant, si c'est possible, écoutez : (les gastrono-
mes jugeront), la David fourrée au Jonathan, la loco-
motive congolaise, sous-titrée, la Brigitte Lahaie
farcie aux deux bananes, ou encore le vieux flan Gloria Lasso aux nouilles, dans sa gelée de coings.

Mais Jeanne n'allait pas en rester là : un jour qu'elle servait à un client la Philippe à la saint Gildas : une petite galette au beurre fourrée à la moumoutte, un consommateur gitan, un certain Monsieur Romano, accompagné de son ami Mara, lui propose de faire d'elle une chanteuse.

Malgré les rumeurs persistantes colportées sur ce compositeur (ne disait-on pas que Monsieur Romano était mou, sous Mara ?) Jeanne accepte sa proposition.

Elle signe un contrat chez Pathé Macaroni et interprète une chanson où elle raconte à quel point elle fut ravie au lit. Oui, souvenez-vous de la toutoute première fois où Jeanne, sans déplorer complètement le sujet, évoquait, en bégayant d'émotion, les délices découverts grâce au tortellini de son premier amant : Hugo Panzani.

Mais là encore, Jeanne décide de se dépasser : au lieu de se contenter, comme tant d'autres, de secouer les nouilles de son ami, elle voit déjà plus loin que le bout de son spaghetti, change de parolier, et n'hésite pas à avoir recours aux services d'un autre italien de cœur, Stendhal, à qui elle emprunte *Le Rouge et le Noir*, un tube qui fait désormais figure de classique.

Mais tout cela est déjà de l'histoire ancienne. Après ces débuts tumultueux, et au terme de deux ans de silence bien mérité, revoici Jeanne, et sa silhouette, reconnaissable entre mille, grâce à sa houppette et à sa coupe de cheveux qui convaincrait le coiffeur de Mireille Mathieu de lever le pied immédiatement sur la gnole.

Avec un album, où, comme le fit Higelin il y a quelques années, elle alerte les bébés en général, et le sien
en particulier sur quelques problèmes qui agitent
notre époque riche en émotions fortes : tels que le
racisme, la guerre, le fanatisme, l'aérophagie et le mal
fait aux enfants aux quatre coins de la planète, bien
que, comme nous le fait remarquer judicieusement
le petit Jean-Claude de Bourg-la-Reine, la planète n'a
pas de coin vu qu'elle est ronde.

Merci Jean-Claude. A vous les studios.

portrait de

Sigourney Weaver

Portrait à deux voix. Peter, un ami américain, résumait de temps à autre dans son idiome l'essentiel de ce qui venait d'être dit.

Chère Sigourney, c'est un double plaisir de vous recevoir sur le plateau de *Nulle part ailleurs* — et vous pouvez m'en croire à ce point convaincu que je n'hésiterai pas, pour faciliter votre compréhension, à mettre un frein à l'infernal débit qui est parfois le mien et qui fait de moi un Lucky Luke de l'élocution, bien que souvent (surtout lorsque j'ai affaire à une aussi jolie femme que vous) mon ombre tire plus vite que moi.

Mais je me soigne.

Un double plaisir, disais-je donc.

D'abord, parce qu'à mon goût, on ne reçoit pas suffisamment d'artistes étrangers dans *Nulle part ailleurs*.

En effet, pour un Demis Roussos, combien de Berrichons, de Bretons, d'Auvergnats, de Bretons, de Périgourdins, de Bretons, et j'en passe.

Mais qui est Demis Roussos, allez-vous me demander ? C'est facile, Sigourney.

Vous vous souvenez de votre partenaire principal
dans *Gorilles dans la brume* (celui qui ressemblait
comme deux gouttes d'eau à Jean-Claude Bourret),
eh bien vous lui rajoutez encore quelques poils de
paillasson pectoral, vous lui enlevez une bonne moitié de cerveau, vous le faites chanter en grec, et vous
obtenez Demis Roussos.

Peter : *He says Demis Roussos is a big fat Greek.*

Mais qui est Jean-Claude Bourret, vous interrogez-
vous ? Hum, ça se complique. Disons que Jean-
Claude Bourret n'est pas grec.

Peter : *He says Jean-Claude Bourret is not Greek.*

Mais j'ai dit un *double* plaisir. En fait, le vrai plaisir,
et le plus important, c'est que ça fait longtemps que
nous espérions votre visite sur ce plateau, Sigourney.

*Oh yes, it has been à long time we were hoping for
your visite on this plateau, Sigourney.*

J'irai même jusqu'à dire qu'on brûlait d'impatience
de vous rencontrer avant même que cette émission
n'existe. C'est pour dire.

En fait, comme tout le monde (si l'on excepte vos
camarades de lycée, vos parents, et votre médecin de
famille) c'est dans le plus simple appareil que je vous

découvris. (Enfin c'est une expression vu que l'appareil intergalactique d'Alien était tout sauf simple.) Ah ah ah !

Peter : *He says he saw you naked.*

Souvenez-vous, c'était la pièce où l'Alien vous pourchassait dans le vaisseau spatial. Remarquez, on le comprend, quitte à se retrouver seul avec vous dans un satellite en orbite — arrête tu m'excites —, autant que ce soit pour vous pourchasser plutôt que pour réparer la turbopompe à démodulation de bignifutage intégré.

Peter : *He says the Alien was kind of smart, in a way.*

Pareil pour *SOS Fantômes*, d'ailleurs, quand toutes ces malheureuses-âmes-errantes cherchaient par tous les moyens à se glisser à l'intérieur de vous-même pour vous transformer en furie sexuelle, bondissant sur le premier venu.

A l'époque nous avions demandé à un tas de revenants de se tenir prêts au cas où vous viendriez nous voir : Gloria Lasso, Alain Barrière, Stone et Charden, et plein d'autres.

Peter : *He says he knows a lot of ghosts, still working in show business.*

Et pour *Gorilles dans la brume*, nous avions poussé le bouchon encore un peu plus loin, nous métamorphosant pour le besoin en primates français, plus connus dans les milieux ecclésiastiques sous le diminutif de primates des Gaules.

Regardez ce que ça donnait (*photo A*) : me voici, prêt à vous accueillir.

Et maintenant (*photo Bourret*)... ah non, il y a une erreur, ça c'est Jean-Claude Bourret justement, en train de présenter son journal, on enlève. Non regardez (*photo Gildas*), Philippe en personne avait fait un effort en votre honneur.

En ce qui me concerne j'avais même décidé de me familiariser avec le langage des gorilles pour pouvoir vous dire : ah ah ah ah.

Peter : *He means he's very happy to see you.*

Antoine : Ah ah ah.

Vous me direz que c'est facile de résumer ainsi votre carrière au cinéma, et que vous n'avez pas fait que jouer avec pour partenaires des monstres, des fantômes, des gorilles et Gérard Depardieu, bien sûr.

La preuve en est le dernier film où l'on peut vous voir, *Working girl*, et qui, lui, se passe à Manhattan dans les milieux de la Finance et où je trouve d'ailleurs tout à fait scandaleux que Mélanie Griffith se permette de vous traiter de boniasse.

Peter : *He says he does'nt like when Melanie Griffith says you're a bony ass.*

Tout ça pour dire que je désespérais de vous voir un jour sur notre plateau. En chair et en os. Et quelle chair ! Et quels os ! Aussi, avais-je décidé de me mettre sérieusement à l'anglais et de partir pour New York dans l'espoir de vous croiser un soir dans un bar.

Et là, Sigourney, je me serais approché de vous, de cette belle démarche de félin qu'essaie maladroitement de me copier Bernard Lavilliers (Bernard Lavilliers, qui est moins poilu que Jean-Claude Bourret, mais qui chante parfois en grec comme Demis Roussos).

Et là, plongeant dans vos beaux yeux mon regard de braise, je vous aurais dit : *What is a nice girl like you doing in a place like this* ?

Peter : Ça veut dire, qu'est-ce qu'une jolie fille comme vous fait dans un endroit pareil ?

Et vous m'auriez répondu : *I could ask you the same question*.

Peter : Ça veut dire, je pourrais vous poser la même question.

Bref, je vous aurais enfin croisée, Sigourney. Merci de m'avoir évité le voyage, et en gage de remerciement, permettez-moi de vous chanter notre chant de bienvenue : ba be bi bo bu.

portrait de

Hugo Pratt

Il y a une certaine outrecuidance à vouloir cerner en trois minutes — le temps de cuisson d'un œuf coque — un personnage aussi mystérieux qu'Hugo Pratt.

Comme si un caractère exceptionnel comme le sien pouvait être résumé dans le temps qu'il faut pour rendre consommable le produit de la ponte d'un vulgaire gallinacé.

Vous me direz, c'est ce que je fais tous les jours et je vous répondrai, certes, mais il est toutefois rarissime d'avoir en face de soi quelqu'un de si magiquement complexe qu'Hugo Pratt.

Car si nous sommes tous, en tant qu'êtres humains, plus ou moins complexes, certains d'entre nous le sont nettement plus que les autres, et tiens, par exemple, je vous mets au défi de me dire, Philippe, ce qu'ont en commun, hormis l'appartenance au même règne animal, Gloria Lasso et Pablo Picasso, sinon une très vague consonance, et un attrait pour le cubisme (involontaire, précisons-le, dans le cas de Gloria.) Oui, Hugo Pratt est un homme complexe, à multiples

facettes et, ce matin, en tournant autour du portrait
que j'allais faire de lui, tel un faucon — (un vrai film)
— se demandant sur quel mouton du troupeau porter son choix de prédateur, c'est la même question
qui tournait en boucle dans mon pauvre cerveau sur-
mené (et que ne console même pas la modestie de son
salaire).

Oui, je me demandais : « Par quel bout puis-je
donc prendre cet homme-là ? »

Contactée téléphoniquement, Brigitte Lahaie (celle
des prédateurs de la nuit) me souffla bien une sug-
gestion, mais la décence m'interdit de vous la répé-
ter ici.

Aussi décidai-je, après en avoir longuement déli-
béré avec moi-même de traiter le problème sous forme
généalogique.

Il était donc une fois Hugo Pratt, caractère de
légende, aux origines tellement cosmopolites que, si
on les détaillait, l'œil gauche de Jean-Marie Le Pen
s'en retournerait dans sa tombe.

Offrons-nous donc ce plaisir : né d'un père issu
lui-même de savants croisements entre Byzantins,
Turcs, Vénitiens, et Jacobites anglais (les Jacobites,
mon petit Jean-Claude, qui ne sont pas des perro-
quets mâles, d'ailleurs ils sont anglais) et d'une
mère ayant pour aïeux des juifs sefardo-marranes
de Tolède convertis au catholicisme, Hugo se retrouva donc dans la peau d'un Vénitien anglo-judéo-
turco-franco-espagnol (la conjonction des termes
franco-espagnol étant ici tout ce qu'il y a de plus fortuite, vu que Hugo est viscéralement opposé aux dic-

tateurs du type Franco, et bien qu'il soit un peu espagnol).

Et je ne parle même pas ici de sa grand-mère qui était kabbaliste et de son grand-père fasciste et pédicure, comme quoi à force de tendre le bras, on finit par avoir mal aux pieds.

Reprenant à pleines mains le flambeau d'une lignée si épique, Hugo partit à la conquête de l'Ancien et du Nouveau Monde, bien décidé à goûter tous les crus des vignes du Seigneur, et à en faire (des conquêtes), puisque, comme il le dit lui-même « voyageur sans but, je vis pour un bon verre de vin et le sourire d'une femme ».

Ignorant le sens du mot modération, Hugo rassasia son palais en même temps qu'il anéantissait son foie, et connut tant de femmes que Giacomo Casanova, l'autre grand séducteur vénitien, fit comme l'œil de Jean-Marie, et s'en retourna lui aussi dans sa tombe.

En effet, Hugo au cours de ses pérégrinations eut plus d'épouses légitimes que Liz Taylor n'aura jamais de maris (même en y mettant tout de suite les bouchées doubles).

Il épousa une Yougoslave, une Mexicaine, une Écossaise, une Brésilienne, et même une Française, n'hésitant pas parfois à en épouser simultanément deux, un péché capital aux yeux de l'Église catholique, à en faire retourner dans sa tombe le premier intégriste venu (surtout s'il est borgne et qu'il vient de lire les *Mémoires de Casanova*).

Du reste, j'ouvre ici une parenthèse culturelle pour

souligner que si la bigamie est un péché mortel chez les chrétiens, elle est chaudement recommandée dans les pays musulmans (comme quoi, c'est quand le tchador que les souris dansent).

Enfin, tout ça pour dire que la descendance d'Hugo a pas mal de chances d'être aussi bigarrée que son ascendance, comme le prouve du reste le plus beau de tous ses enfants, et celui qui aura l'insigne privilège de nous survivre à tous, que ce soit à Hugo lui-même, à moi, à vous Philippe, à Gloria Lasso, comme aux enfants des enfants des enfants de Jean-Claude Bourret.

Je parle bien entendu de Corto Maltese, le gentilhomme de fortune, rentré de son vivant dans la galerie des héros mythiques au même titre que Tintin ou Mickey Mouse, sans pour autant avoir eu besoin de coiffer cette ridicule houppette ou ces oreilles démesurées (même si on les compare à celles, Philippe, que vous dissimulez habilement sous votre casque).

Héros de papier dont inlassablement on lit et relit les aventures, mon cher Hugo, à chaque fois bouleversé par le charme, l'esprit, et la beauté intérieure d'un homme qu'on aimerait compter au nombre de ses amis et dont c'est pour nous un inestimable honneur de recevoir, ici, et nulle part ailleurs, le créateur.

portrait de

Ronan Pensec

Avant de commencer, permettez-moi, Philippe, de répondre à la question du petit Jean-Claude de Bourg-la-Reine, qui ne comprend pas pourquoi hier soir je n'étais pas au rendez-vous, alors que lui, fidèle au poste, y était (comme tous les jours) à fixer béatement son téléviseur en s'écrasant méthodiquement des cornets de glace sur le front.

Mais la réponse est toute bête, Jean-Claude, c'est simplement parce qu'il n'y avait pas d'émission.

Oublie donc là cette inquiétude sans fondement et réjouis-toi avec nous d'accueillir dans *Nulle part ailleurs* Ronan Pensec.

Je dis avec nous, car, pour une fois notre invité d'aujourd'hui fait l'unanimité entre Philippe et moi.

En effet, Philippe se félicite, en recevant Ronan, de pouvoir ajouter un Breton à la longue liste — trop longue disent certains, mais enfin pour une fois qu'il a quelque chose de long, on ne va pas le lui reprocher —, à la longue liste, disais-je, de ses compatriotes qu'il fait venir sous les prétextes les plus abracadabrants sur ce plateau, dans le seul but d'asseoir son

autorité sur la tristement célèbre crêpe connection.
(Une organisation tellement secrète que Jean-Marie
Le Pen est persuadé qu'il s'agit d'un lobby immigré :
ne parle-t-on pas en effet de crêpes sarrasin ?)

Quant à moi, ce sourire réjoui que vous pouvez
lire sur mon beau visage de vieil adolescent attardé,
c'est également à Ronan que je le dois, et bien moins
pour sa qualité de Breton que pour celle de coureur
cycliste puisque, vous aviez la bonté de le rappeler,
Philippe, je voue à ce sport un véritable culte, com-
parable en tout point à la passion que vous portez,
vous, à la monte à cru de poneys sauvages dans les
landes de Cornouailles.

Certes, me direz-vous, la proportion de champions
du vélo issus de la lignée bretonne est considérablement supérieure à celle des autres provinces fran-
çaises.

Eh oui, souvenez-vous, de tous les Bobet, Robic,
Petit-Breton, Hinault — d'où croyiez-vous qu'ils
venaient : des marigots camarguais ? des néo-polders
de Charente-Poitou ? des parcs à huîtres du
Languedoc-Roussillon ?

Mais non, bien sûr, tous étaient issus de ce solide
terroir granitique, qui, semble-t-il, donne à ses natifs
ce tempérament d'airain, deux ingrédients indispen-
sables à tout coureur digne de ce nom. (Je parle du
tempérament, et je parle des reins.)

Et vous-même, Philippe, qui vous gaussez de moi
lorsque je reviens fourbu d'une virée sur ma petite
reine, vous avez beau faire le malin et prétendre ne
rien connaître au vélo (préférant téter votre gros

cigare et asphyxier vos collaborateurs au lieu d'aller vous aérer les soufflants), je sais bien que vous tâtâtes de la pédale, dans votre jeunesse, au point de participer à une ou deux courses à Saint-Gildas-des-Bois. D'ailleurs je le prouve (*photo*) : regardez qui se trouve au milieu du peloton dans cette rencontre inter-clubs bretonnants en 1967. Alors ?

Mais revenons à Ronan.

Je me réjouis donc de recevoir ici Ronan, et je dirai même que je m'en réjouis doublement puisque grâce à lui, je vais pouvoir corriger un peu cette fausse idée que se fait du cycliste le grand public et que relaient avec complaisance les ennemis du vélo, je parle de tous ces beaux-frères à quatre roues, qui, le dimanche matin, n'hésitent pas à envoyer dans le fossé ces admirables sportifs, dont la pratique encombre leur sacro-saint ruban de macadam.

(J'en profite d'ailleurs pour ouvrir une parenthèse et te dire à toi, le moustachu en sweat-shirt Naf-Naf immatriculé 584 CRA 75 que si je te retrouve, je t'éclate la tête avec ma pompe, fumier.)

Mais je m'égare.

Oui, Ronan ne correspond en rien à cette image d'Épinal qui montre toujours le cycliste dans les mêmes attitudes stéréotypées : ruisselant, les bras chargés d'un abominable bouquet de glaïeuls (sans doute dérobé nuitamment à l'arrière d'un corbillard égaré dans la caravane du tour), agité de renvois dus à l'absorption répétée de Jéroboams de Perrier à haute teneur en gaz naturels qu'il éructe avec retenue au visage de Miss Livarot, venue lui porter la gerbe de fleurs dont je parlais, avant de déclarer au micro de Robert Chapatte — qui, comme chacun sait, renonça, il y a quelques décennies, à la consommation de Perrier, quand il découvrit les vertus roboratives du petit jaune (pas le maillot, l'apéro) —, de déclarer au micro de Chapatte, donc : « Ah ! que j'essaierai de faire mieux la prochaine fois. »

Non. Ronan ne rentre pas dans ces clichés.

Je dirais même qu'il annonce une génération de cyclistes, qui, à coup sûr, redonnera à ce sport magnifique le rang qu'il mérite.

C'est-à-dire des hommes comme vous ou moi, Philippe (enfin, surtout comme moi), qui n'hésitent pas à répondre farouchement que non, ils ne viendront pas pour les vacances, et pour qui la beauté des courbes d'une voiture de collection importe plus que celles des montants compensatoires.

Des êtres humains quoi, si ce n'est ce petit côté fêlé, de l'homme qui, comme Ronan, après être allé voir de l'autre côté de la folle souffrance qu'inflige la pratique du cyclisme à son niveau, en est revenu avec ce sourire d'enfant.

portrait de

Diane Tell

(Antoine est vêtu d'une chaude canadienne.)

Non, Philippe, n'allez pas croire que, saisi par le démon du changement, j'ai soudainement décidé de renouveler mon look.

Pas du tout !

Je cherche seulement, en arborant cette pelisse, à vous prouver qu'il y a canadienne ET Canadienne.

Celle (encombrante et lourdaude) que j'ai *sur moi* et qui rappelle l'uniforme du cheminot CGT ou celui du chasseur de safari tragique, type Michel Droit, et celle, ravissante, que j'ai devant moi.

Et vous vous en doutez, Philippe, il est ici superflu de préciser celle dont je préférerais qu'elle m'ait sur le dos, plutôt que je l'aie, moi, sur le dos.

Donc, si je portais cette canadienne, c'était dans le seul but de faire honneur à Diane, native de ce pays qui a tant fait pour la chanson française. Songeons à Monsieur et Madame Niagara (que nous reçûmes récemment à Canadal Plus), ou à Line Renaud, qui s'apprête à enregistrer, dans un remix carte vermeil, son tube éternel *Ma Gagabane au Gaganada*.

Saviez-vous, Philippe, que dans cette contrée, tous les chanteurs et chanteuses portent le même prénom ?

Si, si : Diane Tell, Diane Dufresne, Diane Charlebois, Diane Vigneault.

Ce qui ne rend que plus plus grand le mérite des artistes qui, tels que Diane... Enfin... qui Diane Tell... enfin qui comme Diane, ont su se forger un nom par la seule force de leur talent.

Et de quelle manière ?

En 1980, Henri Chapier passe ses vacances dans le Grand Nord. Un soir, dans son igloo, alors qu'il se détend en suçant un eskimo (une friandise dont il aime à se rafraîchir), il entend à la radio une chanson qui le retourne (pas Diane, la chanson).

C'est pas seulement cet organe (bien plus exceptionnel que ceux qu'il a coutume d'admirer) qui le bouleverse, mais surtout le titre de la chanson, *Si j'étais un homme*.

Henri, touché par ce message subliminal qu'il reçoit 5 sur 5, lui propose alors de venir chanter en France.

Notons toutefois qu'il existe une autre explication au départ de Diane d'une contrée où elle connaissait déjà la gloire. C'est que le Québec profond majoritairement forestier, est peuplé de bûcherons qui, pour être de solides gaillards aux bras épais comme mes cuisses, n'en ont pas moins des mœurs interlopes dont la principale consiste à rentrer frénétiquement du bois, en ahanant ce joyeux refrain qui vous semblera familier, Philippe, puisque vous le chantez vous-même à tue-tête le soir en rentrant chez vous : « He hi he ho on rentre du boulot. » Sauf que, vous l'aurez compris, dans le cas du bûcheron québécois, il s'agit du bouleau : l'arbre, et pas du boulot, le travail, et bien que paradoxalement, rien n'interdise de rentrer du bouleau pendant son travail.

Toujours est-il que Diane se retrouve chez nous, un beau jour de 81, et qu'elle se prend d'une telle affection pour notre pays qu'elle décide de s'y installer, créant par la même occasion une salutaire alternative à une scène musicale féminine principalement trustée par Annie Cordy et dont les tubes de l'époque *Frida, Oumpapah* et *Chaud, chaud chocolat* font alors des miracles dans les centres de rééducation psychomotrice, et les hospices pour grabataires profonds.

C'est que Diane, telle la divinité lunaire chasseresse sachant chasser sans ses chiens, dont elle porte le prénom, évolue dans les sous-bois du show business avec une grâce mâtinée d'énergie à laquelle ce milieu de sauvages n'est guère habitué.

Et j'ajouterai que la rencontre fortuite de son prénom, dont je rappelais à l'instant l'origine, et de son nom qui évoque, lui, le puissant gaillard helvète qui ne pouvait s'empêcher de bander son arbalète comme un fou à la vue du moindre trognon (faisant mouche à chaque coup), oui que cette conjonction de la grâce et de la maîtrise, c'est tout simplement Diane telle qu'en elle-même, Diane dont le regard, la voix, le sourire (et la magnifique paire de roberts) ne vous laisseront pas, je vous connais, Philippe, de bois.

portrait de

Valérie Lemercier

Je l'avouerai tout de go : le vendredi, c'est sur les genoux, hagard, échevelé, livide même que je touche au terme d'une semaine de travail dont l'intensité et la cadence infernale feraient dresser les cheveux sur la tête des nègres de Paul-Loup Sulitzer, dont le nouveau roman *Les Routes de Pékin* vient enfin de sortir. Un titre qui laisse présager que Paul-Loup Sulitzer est enfin parvenu à pied par la Chine. Un ouvrage qui tombe bien, je cherchais justement quelque chose pour caler l'armoire de ma salle de bains.

Et c'est parce que je suis sur les genoux, que Philippe (qui s'en réjouit, puisqu'il peut enfin me regarder dans les yeux), que Philippe, donc, en profite, tel un torero cruel, pour me planter dans cette échine (qui rend folles de désir un nombre invraisemblable de femmes), pour me planter, disais-je, l'épée du coup de grâce, en invitant à chaque fois ce jour-là un ou une individu(e) dont le portrait est particulièrement pompon à faire.

Aujourd'hui, comme nous sommes Vendredi saint, l'épreuve à laquelle me soumet ce tyran qui s'ignore n'en est que plus symbolique, et, pardonnez-moi de vous le dire, Valérie, mais la rédaction de votre portrait a été pour moi un véritable chemin de croix.

Ne voyez évidemment dans ces propos aucune trace de goujaterie ou de muflerie machiste, surtout en cette veille de week-end pascal.

L'Église dont on commémore aujourd'hui la crucifixion du fondateur ne reconnut-elle pas, au Concile de Mâcon en 585, que les femmes, à la différence des vaches poitevines, de Danièle Gilbert et des faucons (un vrai film), avaient une âme.

Ah ! Alors ! Non, si j'ai sué sang et eau pour trouver quelques mots à dire sur vous, Valérie, c'est que votre carrière n'en est qu'à ses balbutiements, même si on sent le bouillonnement frémir sous le couvercle.

Eh oui, c'est ce qui est en train de vous arriver, Valérie, et croyez-moi, je m'en réjouis, j'irai même jusqu'à dire, que sensibles à votre pétulance naturelle, vous verrez qu'ils seront bientôt nombreux, cinéastes, metteurs en scène, à vous faire du pied — tout comme Philippe s'y emploie désespérément depuis le début de cette émission.

Mais laissons-là l'avenir, et penchons-nous sur le passé l'espace d'un instant, ne serait-ce que pour prouver à cet individu que je me ris, et avec insolence, des pièges grossiers dans lesquels il espère me voir tomber.

Votre passé n'a pas plus de relief que le profil de Jane Birkin ? Nous allons lui en donner.

Valérie Lemercier, tout comme le camembert, le livarot, le pont-l'évêque, et quelques autres froma-

ges dont les puissantes effluves embaument les boca-
ges de l'Ouest, est normande.

Certes, on se fait à tout, mais l'odorat de Valérie
enfant étant particulièrement susceptible, c'est très
jeune qu'elle manifeste le désir de fuir la ferme natale,
d'autant plus que son père, producteur de cidre particulièrement bouché, s'oppose à la vocation artis-
tique de sa cadette, et la destine plutôt (comme
ses sœurs) à la traite des blanches, race bovine
particulièrement répandue aux environs de Dieppe,
un port de pêche dont je rappellerai qu'il doit ses res-
sources principales au maquereau et à la morue.

Oui, traire ne semble pas très attrayant à Valérie,
et c'est déguisée en lavoir (un costume encombrant,
il va sans dire) qu'elle fait une fugue.

A la sortie de Dieppe, elle est prise en stop par la
mère Denis, et le père Magloire, qui lui promettent
un rôle dans leurs clips respectifs.

Direction Rouen où Valérie arrive, à la fois lessi-
vée et bourrée.

Oui, bourrée par le père Magloire dont le prénom,
je ne peux m'empêcher de le révéler, n'est autre que
Jean-Claude. Eh oui. A Rouen, elle brûle simultanément les étapes et les planches en se faisant enga-
ger pour interpréter *Jeanne au bûcher*, et bien qu'elle
doive se contenter, puisqu'elle débute, du rôle hum-
ble mais flamboyant du bûcher.

Et c'est là que, éperdue d'admiration pour l'émission comique, qui pulvérise alors les sondages dans
les fermes et les haras en Basse-Normandie, je veux
parler de *Merci Bernard* diffusée sur celle qui en

a 3, elle prend son courage à deux mains et envoie sa photo et le curriculum que je viens de vous lire à Jean-Michel Ribes, déjà atteint à l'époque du syndrome de la grosse tête, comme le prouve notre photo (une maladie qui lui permet d'aller faire son marché en prenant pour cabas sa casquette), Jean-Michel Ribes qui a le coup de foudre, et qui l'invite à Paris où, deux ans plus tard seulement, elle incarnera avec la drôlerie que l'on sait l'irrésistible Lady Palace.

Et voilà le travail.

Bon week-end.

portrait de

Cyril Neveu

Si je ne craignais de froisser quelques susceptibilités et de me voir voué aux gémonies par des intégristes chatouilleux, j'oserais avancer ici une comparaison dont je mesure en la disant tout ce qu'elle peut contenir d'hérétique.

En effet, en ce lundi de Pâques, c'est un portraitiste tout simplement ressuscité que vous avez devant vous, Philippe, après une semaine passée dont chaque jour, eu égard à la personnalité des invités, s'apparentait symboliquement à l'une des stations du chemin de croix.

Aujourd'hui, et la pratique dominicale de mon bien-aimé vélo y est pour quelque chose, ça va beaucoup mieux, puisque vous m'apportez sur un plateau Cyril Neveu, un invité dont on pourrait dire qu'il porte lui-même son portrait tant son caractère et ses exploits ont défrayé les sables et les chroniques.

Et pas les Sables-d'Olonne ! Non, les vrais, les sauvages, comme dit Johnny.

Une fois n'est pas coutume, Cyril Neveu partage

quelques points communs aussi bien avec Philippe qu'avec moi.

Du côté de Philippe, je veux bien entendu parler de la taille modeste (un atout en compétition tout terrain s'il faut en croire les spécialistes), un léger inconvénient en télévision puisque, tout comme Alain Prost, Cyril est contraint ce soir, vu la configuration de notre plateau, d'assister debout à l'émission.

Vous me direz, Philippe présente bien debout tous les soirs, pourquoi pas les invités ? Certes, certes. Mais quand même.

Pour ma part, j'ai en commun avec Cyril d'avoir déjà connu quelques traversées du désert, de ces traversées dont paradoxalement on sort souvent grandi, ce qui prouve bien (s'il en était besoin) que les problèmes de taille ne sont qu'illusoires, la véritable grandeur étant intérieure, même si on vit dans un studio.

Mais revenons-en au fait : tout prédestinait le petit Cyril à devenir le champion de motocyclette qu'il est devenu.

Rappelons en effet que sa mère était motarde à Dijon et que c'est elle qui mit au point le fameux pot de moutarde de Dijon, bien avant Midas et consorts.

Coup de pot, hasard, cette motarde rencontra alors un fourreur d'Orléans dont je ne sais ce qu'il était venu fourrer à Dijon. Entre la pro du pot et le pro des peaux, ce fut le coup de foudre.

Ils se marièrent quelques semaines plus tard et eurent peu de temps après un petit Neveu, ce qui les combla de bonheur puisqu'ils se retrouvaient respectivement père et oncle, mère et tante. (Une affaire qui se complique encore pour Cyril lorsqu'il découvre alors que si sa tante en neveu, on l'appellerait mon oncle.)

Eh oui, d'autant plus que Cyril se retrouva simultanément fils, neveu, et par la même occasion cousin de lui-même.

Tout petit déjà, Neveu est tenté par la moto de sa tante qui lui donne alors l'affectueux sobriquet de Motard à tata.

Mais cette vocation ne plaît pas au tonton.

« Mon moutard ? Motard ? Taratata ! C'est un peu tôt ! On verra plus tard car vieux motard que jamais ! »

Mais comme son neveu s'entêtait, le fourreur s'écria : « Non ! tu seras masseur. »

« Mais tonton, s'écria Cyril, on va alors m'appeler tata ! Et puis je suis déjà neveu, fils et cousin de moi-même, si en plus je suis masseur, en ayant deux je vais me retrouver mon frère, et cela fait beaucoup pour un seul homme ! »

Heureusement à défaut de sa sœur, Cyril rencontre alors Sabine qui, en route pour l'Afrique, passait par Orléans.

« Ton oncle t'a pris en grippe, lui dit-il, moi, je te prends en croupe. Monte là-dessus, et tu verras Dakar. »

Dès lors, Cyril fait sienne la devise de Thierry : « Moto, boulot, dodo », et se consacre corps et âme au sport motocycliste.

Méhariste vrombissant, le voici roulant sa bosse et ses mécaniques sur les chaudes pistes africaines où,

malgré les chiens faméliques, qui aboient, la caravane motorisée passe dans un pouetique sillage de
poussière et de gaz d'échappement.

Un rallye quoi, où Cyril fera des étincelles.

Quant à l'avenir de Cyril, il est, si j'ose dire, tout
tracé.

Car même si la voie de la sagesse le pousse à se
reconvertir dans le commerce de pièces détachées
automobiles, ou l'organisation de nouveaux rallyes
inter-africains, il serait étonnant que le démon de midi
mécanique ne s'empare à nouveau de lui, pour le pro-
pulser sur les pistes de ce qui sera sans doute le rallye
des années 90, lancé sur moto-neige à travers le Grand
Nord canadien, le Harricana, qui ferait mieux de
s'intituler, vu son parcours nordique, le Paris-Drakar.

portrait de

Gérard Mordillat

Depuis les années 60, on a vu de tout dans le cinéma français : du beau, du bon, et beaucoup de bonnet.

De l'Olympe de Michel Audiard aux très bas-fonds de José Benazeraf, en passant par les cohortes de Charlots, sous-doués et autre 7e compagnie, le moins que l'on puisse dire c'est que le cinéma français ne manque pas de relief. Vous me direz, il y en a eu pour tous les goûts : depuis la nouvelle vague du début des années 60, au cinéma animalier de la fin des années 80, tout le monde peut faire son marché...

Et moi-même, tiens, qui suis pourtant très regardant, je dois dire que c'est sans peine que me viennent à l'esprit les titres de deux ou trois films qui marquèrent au fer rouge l'équilibre précaire de mon psychisme : *Le Faucon*, bien sûr (un vrai film), ou encore *Oh oui, donne-les-moi tes 110 mètres* avec Brigitte Lahaie.

Mais toujours est-il que dans ce gigantesque cocktail du cinéma français des trente dernières années, c'est sur les doigts de la main de Mickey Mouse — la souris qui vous ressemble, Philippe, en ce sens

qu'elle a de grandes oreilles (et une petite queue) —
que l'on peut compter les films traitant de la guerre
d'Algérie.

Oui, le cinéma français nous aura tout montré sauf
la guerre d'Algérie ; alors que plus de mille cinq cents
livres sont parus sur ce conflit, on compte à peine
cinq films français qui s'y rapportent.

En vingt-cinq ans, reconnaissez que c'est peu !

Cinq films français et encore ! Doit-on considérer
comme français *Le Petit Soldat* de Godard qui est
au moins aussi suisse que le fameux trou de Bâle, ou
encore *La Bataille d'Alger* de l'Italien Ponte Corvo,
deux films, soit dit en passant, qui, depuis bientôt
un quart de siècle n'auront jamais été diffusés à la
télévision française, ne battant toutefois pas le record
des trente-deux années de mise au placard détenu par
le chef-d'œuvre du metteur en scène britannique
Stanley Kubrick, *Les Sentiers de la gloire*, inspiré par
les mutineries de 1917.

Stanley Kubrick, qu'il convient de pas confondre
avec le réalisateur de *Oh oui, donne-les-moi tes
110 mètres*, Stanley Lubrique.

Oui, décidément il y a des guerres qui passent mal
à l'écran, du moins chez nous, parce que, nonobs-
tant les critiques chauvines que nous formulons contre
elle, force est de reconnaître que l'Amérique nous a
depuis longtemps montré qu'elle savait franchement
mettre en scène ses exploits néo-coloniaux, ou ses
croisades antirouges, selon le point de vue.

Souvenons-nous de *Bérets verts*, *Apocalypse now*,
Platoon, *Retour vers l'enfer*, *Full metal jacket* (le pré-

féré d'Henri Chapier), ou, de moindre importance,
les *Plus viet que moi tu meurs*, *Ras le bol de riz*, *T'as
bonne mine, Hô Chi Minh*, j'en passe et des meilleurs, sans oublier la série des Rambo.

Rambo, qui me ramène à notre invité, Philippe.

Et qu'on ne me reproche pas, Philippe, ici une de
ces liaisons à la Mordillat-moi le nœud, comme dirait
Brigitte Lahaie, qui s'y entend bien, quoique à ma
connaissance, jamais elle ne mordilla ce Mordillat-là !

En effet, à peine revenu d'Afghanistan où il
constatait de visu le départ inopiné des troupes sovié-
tiques qu'il venait précisément bouter hors de cette
âpre contrée, il avait décidé de se consoler en rejetant son dévolu sur l'odieuse occupation du sol algé-
rien par l'armée française, ignorant toutefois que les
hostilités avaient pris fin depuis déjà vingt-huit ans.

S'il l'avait demandé à Gérard, que de temps gagné,
puisque Gérard venait, lui, de finir le tournage de
Son cher frangin, au risque de dévoiler le pot aux
roses (celui auquel Jean-Marie attachait ses visiteurs
avec son copain Gégène dans la villa de la même couleur), vous me permettrez de lever légèrement le
burnou sur le début de cette épopée épistolo-
romanesque. Épistolo au sens épistolaire, des lettres
quoi, pas des armes.

Il ne s'agit rien de moins que d'une insoumission.
Celle d'Alain, le héros du film, qui, alors qu'il était
tranquillement plongé dans les aventures de Bicot en
rongeant des petits beurres, reçoit un coup de télé-
phone arabe qui l'enjoint d'aller casser des rebelles
fel dans les mechtas de Kabylie.

Un scénario non conformiste à l'image de Gérard, digne rejeton d'une lignée de rebelles qui a compris, qu'il s'agisse de fusil comme son grand-père en 1917 ou de sa caméra à lui un demi-siècle plus tard, que l'important dans la vie c'était de savoir se retourner (non pas dans le sens où l'entendent ordinairement nos amis les phoques), non, je veux parler de ceux qui se retournent contre, dès qu'on essaie de leur faire gober des choses inadmissibles pour peu que l'on fasse preuve du plus élémentaire sens de l'humanité : de l'horreur éternelle de la guerre, jusqu'au cauchemar quotidiennement renouvelé d'une météo présentée par Alain Gillot-Pétré.

Heu, c'est un exemple.

portrait de

Jean-Pierre Coffe

Depuis plusieurs jours, inlassablement, vous aurez sans doute noté que je me suis fait le héraut de Jean-Pierre Coffe.

Héraut, H-E-R-A-U-T, précisè-je tout de suite aux malentendants ou à ceux d'entre vous qui n'auraient lu en tout et pour tout que les Mémoires de madame Danièle Gilbert, héraut c'est-à-dire comme celui qui, jadis, dans le grand monde annonçait l'arrivée des nobles invités en scandant leur nom à la cantonade.

Car en effet, si Jean-Pierre n'arbore pas d'armoiries comme Philippe (dont je révélais ici-même, il y a peu, qu'il descendait — si je puis dire — de la famille des de Saint-Gildas-des-Bois, et ce que je prouve en dévoilant ce soir son blason, regardez : vous reconnaissez dans les pièces de cet écu les « meubles » gildassiens, comme on dit en héraldique, la talonnette, le crocodile Lacoste, le poney et la moumoutte et la devise des de Gildas « Ô nain soit qui mal y pense »). Oui, si Jean-Pierre donc n'arbore pas d'armoiries comme Philippe, et malgré l'absence de particule devant son patronyme, Jean-Pierre est ce que j'appelle, sans emphase ni flagornerie, un seigneur.

Un seigneur qui ne doit sa noblesse qu'à ses vertus personnelles et non pas à quelque privilège héréditaire consécutif à des coucheries entre cousins rendus débiles par la consanguinité et dont l'unique consolation réside en l'espoir de se trouver peut-être un jour réunis sur le plateau de Patrick Sabatier. Car n'est-ce pas l'attitude d'un seigneur que celle de Jean-Pierre qui redonne leurs lettres de noblesse, avec le panache que l'on sait, à des produits considérés ordinairement comme ordinaires, notamment : du balai-brosse à la courgette en passant par le cornichon russe, la raie au beurre noir, les meules de gruyère, les morues, les moules et même les melons puisque Jean-Pierre n'est pas xénophobe.

Oui, tandis que ses confrères baguenaudent de grand restaurant en grand restaurant, se cirrhosant scientifiquement le foie et la conscience professionnelle sous prétexte de distribuer de ridicules petites notes appréciatives, comme à l'école primaire, Jean-Pierre, lui, explore le terreau du quotidien et de l'usuel avec la poésie de celui qui sait déguster un modeste vin de Bourgueil en compagnie de Jean Carmet, par exemple. (Mais pas n'importe quel exemple.) Cet émouvant spectacle, il nous l'offre donc quotidiennement dans l'émission *Demain*, comme le soulignait Philou.

Mais les paroles s'envolent, tandis que les écrits restent, comme dit le proverbe, dont on mesure la dimension tragique lorsque l'on connaît les œuvres de Paul-Loup Sulitzer ou de Nadine de Rothschild.

Et c'est pourquoi Jean-Pierre, joignant l'utile à l'agréable, et saupoudrant le tout de quelques pincées de superflu, vient nous livrer son manuel du bon vivre.

Certains observateurs impartiaux, agréés par le Vatican, ont d'ores et déjà constaté que les apparitions quotidiennes de ce Zorro proustien vantant les mérites respectifs (et non pas complémentaires) de la queue de cochon et du foie de génisse à la Gloria Lasso agissaient plus miraculeusement sur les neurasthéniques que la croix Vitafort, les voyages à Lourdes, ou les calembours hélico-treuillés de Bruno Masure. Car il faut avoir vu de ses yeux vu Jean-Pierre étriper les ennemis de la tripe, les charcutiers sans entrailles ou les oculistes s'acharnant sur les malheureux presbytes pour comprendre la dimension de sa mission.

Toutefois, ce serait réduire la portée des propos et écrits coffiens que de nous enthousiasmer pour leur seul mordant. Cette verve a trop d'ampleur pour se limiter à la seule indignation.

Jean-Pierre, avant toute chose, est un passionné qui nous communique irrésistiblement son amour de la vie, et du vin aussi, selon ses proches collaborateurs. J'en sais beaucoup qui, après l'avoir lu, considéreront d'un autre œil la banale tête de veau qui ne leur évoquait, jusqu'alors, que la mine déconfite de Jacques Seguela lorsque Kirk Douglas lui apprit que *Spartacus* n'était pas une marque de papier-toilette doux et résistant à épaisseur double ou triple, je ne sais pas, je ne sais plus, ma vie n'est plus la même depuis que tu n'es plus.

Enfin, puisqu'il me faut conclure le panégyrique de cet ultime dandy que j'ai le privilège de côtoyer chaque jour (enfin privilège si l'on veut bien excepter les jours où il choisit de chanter les louanges des fromages d'Époisses), c'est en citant l'un de ses exemplaires aphorismes, dignes de Chamfort (pas Alain, l'autre), dont regorge *Le bon vivre*, que je le ferai. Je cite : « Le camembert est un fromage de vache exclusivement. Il se fait des camemberts de chèvre : on n'est à l'abri de rien ! »

Quod erat demonstrandum.

portrait de

Line Renaud

Lorsque ce matin Philippe me héla pour me dire :
« Les brumes d'où je viens, c'est formidable, il faut
que tu t'y plonges », je crus que le souvenir des
brouillards stagnants de sa très basse Bretagne lui était
monté à la tête.

Pire, je pensai même qu'abusé par la pilosité luxu-
riante de son casque, Philippe avait fini par se prendre pour un des gorilles fréquentés par Sigourney
Weaver au Rwanda.

Après donc qu'il m'eut hélé, je le hélai à mon tour,
cette fois à l'aide d'un treuil pour le hisser à la hauteur de ma consternation.

C'est alors que me voyant interloqué Philippe pré-
cisa : « Antoine, je te parle de l'autobiographie que
Line Renaud nous présentera en personne. Line
Renaud, comprends-tu ? Ce soir et *Nulle part
ailleurs* ? »

Au seul nom de Line, je compris soudain de quelle
erreur j'avais pu m'enduire et je bafouillai : « Mais
Philippe, on ne peut recevoir un mythe. »

Oui, Line, j'avoue que pour la première fois j'hési-

tai. Moi qui, sans pour autant leur brosser les pompes, avais pourtant brossé le portrait de tant de stars,
je doutai soudain, en deux minutes, de pouvoir évoquer votre légende.

Oui comment saluer celle pour qui les trompettes
de la renommée — n'en déplaise à Brassens — ne se
sont pas si mal embouchées puisque, sans s'essouf-
fler jamais, elles sonnèrent avec éclat de Pont-de-
Nieppe à New York via Armentières, Lille, les esca-
liers du Casino de Paris, Londres, Tokyo, Sydney,
Poitiers et Las Vegas où le King en personne vint vous
rendre hommage comme à une reine.

Je parle d'Elvis Presley (mais pas trop fort quand
même). Oui comment résumer le roman de votre vie,
passer en revue vos éblouissantes revues ?

Il me faudrait dire que vous naquîtes en pays chtimi
dans une plaine à blé et que vous fûtes élevée avec
amour au sein d'une famille qui n'en avait pas tant.

De blé.

Il me faudrait raconter vos premières vocalises, du
petit Quinquin babile au berceau au zoli sapeau de
Zozo zézayé sur les zincs des zestaminets dignes de
Zerminal.

Il faudrait rappeler votre rencontre avec Loulou,
l'homme qui devait tant vous gaster et qui vous offrit
jusqu'à votre nom de star, Loulou qui comprit vite
que vos premiers pseudos, Line Peugeot, Line
Citroën, Line Bleu des Vosges, ou Line Maginot, ne
tiendraient pas la route (surtout le dernier) dans ces
périodes troublées où vous débutâtes.

Et c'est ainsi qu'à peine lancée sur les pistes étourdissantes du music-hall vous passâtes à la postérité sur les chapeaux de roue et sous le nom de Line Renaud.

Il est vrai que cette Renaud-là avait dès le départ toutes les options dont on puisse rêver : un chassis d'enfer, des clignotants éblouissants, un toit ouvrant, une profonde boîte à glands, un solide pont arrière et des pare-chocs à toute épreuve, même dans les descentes dangereuses.

Négociant tous les virages de sa carrière sans jamais rétrograder, Line entonna des refrains qui devaient faire le tour du monde.

Je n'en citerai qu'un qui, si populaire qu'il fût, est, et sera longtemps encore, plagié.

Francis Cabrel ne vient-il pas en effet de sortir un album intitulé *Ma sarbacane au Canada*.

Georges Guétary ne chanta-t-il pas jadis au Châtelet une opérette ibéroberbère : *Ma kabyle à Granada*.

Serge Reggiani n'a-t-il pas choisi pour son come back de chevrotter *Ma gagabane au Gaganada*?

Et je pourrais citer bien d'autres de ces contrefaçons comme *Ma cannibale en Ouganda* qui fait des ravages en Afrique, *Ma bécane a un cadenas*, cette dernière chanson étant même interprétée par le zonard en zomblou à la chetron sauvage qui n'hésita pas à usurper sans vergogne votre nom de scène pour s'approprier sans effort un peu de la gloire qui en émane.

Mais qu'importe ces falsifications dont votre renom ne peut finalement que s'enorgueillir puisque toujours imitée vous ne serez jamais égalée.

... Au point de représenter la France dont vous serez bientôt l'ambassadrice au Japon pour la célébration du bicentenaire de la Révolution.

Et comme les citoyens du pays du Soleil levant ne manqueront pas de le faire, j'invite dès à présent le public à se lever pour vous faire une standing ovation.

portrait de

Yvette Horner

Enfant, comme tous les enfants, j'interprétais tout au pied de la lettre.

Ainsi, j'étais persuadé que les lettres avaient des pieds, et pourtant je n'avais pas encore lu Sulitzer, qui écrit comme un pied tout en prétendant être un homme de lettres.

Et je me rappelle très bien ce jour maudit entre tous où mon père m'infligea une sévère correction, croyant que j'avais une dent contre lui, et que je cherchais à me moquer alors que je lui demandais simplement de m'expliquer comment il est possible d'être simultanément sourd comme un pot, muet comme une carpe, tout en ayant un chat dans la gorge, des fourmis dans les jambes, une faim de loup, la chair de poule, un œil de lynx, sans même parler de cette queue de cheval (arrête tu m'excites) qui me différencie de Richard Berry qui en a une toute petite, du moins c'est le bruit qui court.

Si je dis ça, c'est parce que (pour citer deux autres exemples de ma candeur juvénile) j'étais également persuadé que les pianos à queue étaient les pianos favoris de Brigitte Lahaie et que, de la même manière, les pianos à bretelles étaient, eux, des pantalons musicaux.

Mais vient un jour où il faut savoir perdre son innocence, et je peux révéler ce soir que ce fut à Yvette que je dus de perdre la mienne (du moins en ce qui concerne le piano à bretelles).

Un jour, en effet, alors que déjà fan de cyclisme j'assistais à une arrivée du tour de France, j'aperçus sur le toit d'une voiture lancée à vive allure, l'inoubliable silhouette d'une femme à la flamboyante crinière, et qui, malgré l'abondance de moustiques en ce torride mois de juillet, souriait de toutes ses dents en chatouillant frénétiquement un instrument qu'elle pliait et dépliait avec grâce, et dont elle sortait des sons mélodieux sur l'air de *Viens poupoule, viens poupoule, viens*.

Efforts méritoires mais qui, cette année-là encore, ne furent toutefois pas suffisants pour faire gagner Raymond Poulidor.

Notons qu'il existait également une version de la même chanson pour Anquetil, mais qui eut beaucoup moins de succès, ça donnait : *Viens hank hank, viens hank hank, viens*.

Eh oui, c'était Yvette en personne, la reine des rois de la petite reine.

Telles les vaillantes cantinières qui jadis réconfortaient les soldats en les abreuvant au tonneau qu'elles portaient en bandoulière, Yvette encourageait les coureurs en les régalant de son instrument.

Et c'est en voyant cette femme inciter de ses doigts

si lestes tout un peloton à plus d'ardeur que je
compris tout le poids de l'expression piano à bretelles : quinze kilos à bout de bras, ça justifie les bretelles.

Et c'est autrement plus pesant que le bande au néon
— parfois aussi dans le noir d'ailleurs — vous savez
ces minuscules accordéons d'origine argentine, dont
voici une photo, et dont Philippe sait jouer en véritable virtuose, bien que, si la nature l'avait grandi
de quelques dizaines de centimètres, il aurait volontiers opté pour la grosse caisse, celle qui résonne
quand on la fesse.

Mais revenons à Yvette, dont la tenue nous rappelle s'il en était besoin, à quel point elle représente
un caractère révolutionnaire, dans la musique en
général et dans l'accordéon en particulier.

Je m'explique.

L'accordéon d'abord. Si l'on s'en tient à la défi-
nition du mot « Révolution » on s'aperçoit qu'il
s'agit, je cite, du « mouvement d'un mobile qui par-
court une courbe fermée ». Loin de moi bien sûr
l'idée de traiter Yvette de mobile, mais force est de
constater qu'elle a beaucoup tourné : onze tours de
France, six Vel'd'Hiv, et deux tours d'Espagne font
d'Yvette une authentique révolutionnaire, qui, depuis
longtemps, incarne la République tout aussi avanta-
geusement que le buste de Marianne, fût-il à l'effi-
gie de Brigitte Bardot. Malgré ses ascendances
aristocratiques — ne descend-elle pas directement
d'Alfred de Musette —, Yvette a toujours été révolutionnaire, bien qu'anticonventionnelle.

A dix ans, par exemple, ne fait-elle pas ses premiers pas sur scène en chantant : « J'ai quelque chose qui plaît à ces coquins d'hommes », même si, pour des raisons évidentes, il ne s'agit pas du célèbre piège à filles, piège tabou, joujou extra qui fait crac boum hue et que chantera Jacques Dutronc quelques années plus tard.

Oui, dès sa plus tendre enfance et jusqu'à son relookage par Jean-Paul Gaultier, Yvette a toujours été à l'avant-garde, dans un milieu de l'accordéon volontiers occupé par les hommes, qu'il s'agisse de Verchuren, d'Aimable ou de Marcel Azzola, le frère de l'écrivain (Émile Azzola). Quant à la musique, partie de la musette, qui est à notre patrimoine ce que le camembert est à la Déclaration des droits de l'homme, elle est devenue aujourd'hui, à l'image du monde qui nous entoure, un melting pot cosmique, un patchwork troupier, où se mêlent en une folle sarabande, sous le sourire charmeur d'Yvette, des mélopées chopino, mambo, carmagnolo, ça iro, tcha tcha, perles de cristallo, Michael Jacksono, Bresilo, Sambo Gainsbourro.

Serge Gainsbourro qui sera demain l'invité de *Nulle part ailleurs*, comme l'est Yvette ce soir, et à qui nous souhaitons la bienvenue.

Bienvenue, Yvette.

portrait de

Serge Gainsbourg

Philippe le soulignait, il y a quelques instants, je me permettrai donc d'infléchir le clou avec d'autant plus de plaisir que ce n'est pas celui de son cercueil — je n'oserais pas dire de sa bière —, c'est bien à une véritable résurrection à laquelle nous assistons ce soir, en direct dans *Nulle part ailleurs* en recevant Serge Gainsbourg.

Et si vous me permettez cet aparté, j'ajouterai une résurrection dont nous tirons infiniment plus de plaisir et de joie que de celle de Chantal Nobel, dont la surexposition médiatique frise l'obscénité et commence à gonfler sérieusement tous les handicapés ordinaires qui eurent le bon réflexe de plonger à temps dans le fossé quand déboulait Sacha Distel à cinquante à l'heure, tout comme ceux que la diffusion répétée du feuilleton *Châteauvallon* — l'équivalent pour la télévision du *Faucon*, un vrai film, pour le cinéma — rendit précocement gâteux et paralysés de connerie.

Et ce n'est pas dans le seul souci de faire ricaner nos téléspectateurs que je cite en exemple cette comé-

dienne dont les prestations sont encore dans toutes les mémoires, mais plutôt parce que le lien,
apparemment abscons entre Madame Nobel et Serge
m'a sauté littéralement aux yeux, manquant du
reste de salement m'éborgner, ce qui m'aurait sans
doute permis à mon tour de négocier grassement
un retour triomphal dans le paf, d'ici à quelques
années.

Je m'explique.

Nous avons tous en mémoire le sage adage :
« Boire ou conduire, il faut choisir. » Chantal Nobel
avait choisi de conduire, tandis que Serge, lui, choi-
sissait de boire.

Or, si l'on compare les mérites et la qualité respectifs de la production de ces deux artistes, une
constatation s'impose, dût-elle m'attirer les foudres
des ligues antialcooliques : quitte à faire un choix,
il vaut mieux boire.

Boire et même fumer, puisque pour reprendre
Hemingway, lui-même cité par Serge : « L'alcool
conserve les fruits, et la fumée la viande. »

Les fruits et les légumes, ajouterai-je, puisque c'est
l'homme à la tête de chou que j'ai en face de moi.

Je préciserai toutefois, à propos de légumes, que
la consommation d'alcool, poussée à l'extrême, présente le défaut majeur de transformer en légumes,
justement, les plus résistants, et que l'on se retrouve
rapidement, comme ce fut le cas pour Serge, le foie
en compote. Et une compote de foie, ma foi, ça les
fout les foies.

Et encore, Serge s'en tire-t-il haut la main, puis-

que les chirurgiens renoncèrent à lui couper la vési-
cule, celle qui rit quand on l'ausculte te.

Oui, après les haut-le-cœur, haut les cœurs :
Gainsbourg est ressuscité, atteignant ainsi de son
vivant une véritable dimension mythologique.

Tel le phénix qui renaît de ses cendres, Serge resur-
git des mégots de son cendrier. Tel Prométhée dont
un aigle déchiquetait le foie, et qui fut libéré par
Hercule (celui qui rit aussi quand on l'ausculte), Serge
vit un beau jour le terme de ses tourments.

A tel point qu'aujourd'hui, nul mieux que lui ne
saurait reprendre ce célèbre slogan : « Mon foie,
connais pas », vu qu'il n'en a plus.

Oui, haut les cœurs, alléluia, Gainsbourg est ressuscité, et je n'en crois pas mes yeux.

Pas au point d'éprouver le besoin — tel un saint
Thomas, ou plutôt un cin Zano, un saint Quentéin
ou un saint Raphaël — d'aller toucher du doigt ses
stigmates, non je n'en crois pas mes yeux simplement
parce que c'est lui qui arrête de boire et que c'est moi
qui vois double.

Terrible transfert que celui-ci, même si la certitude
de ne pas être le seul ce soir à voir simultanément Gainsbourg et Gainsbarre côte à côte (du Rhône) me rassure.

D'autant plus que pour faire bon poids bonne
mesure, les Gildas sont aussi venus en famille, ce qui
est pour moi, enfin, l'occasion de vous dire, Philou :
à deux nains si vous le voulez bien, pendant que je
me permets d'offrir aux deux Serge, et en guise de
bienvenue ici et *Nulle part ailleurs*, ces bouquets de
roses rouges.

Certes la bienséance veut que l'on n'offre des fleurs (et seulement des roses) à un homme qu'à l'occasion de sa Légion d'honneur.

Mais Serge étant celui qui a remis à l'honneur la Légion, et l'événement que nous célébrons ce soir ayant le caractère exceptionnel que je viens de vous souligner, vous me permettrez cette entorse aux règles de savoir-vivre, et accepterez, je l'espère, ces deux magnifiques bouquets de six roses.

Et pas du foie ! Hein.

portrait de

Denys Arcand

N'étant pas d'un naturel vaniteux, je me bornerai modestement à constater que ma perspicacité s'affine de semaine en semaine, comme un bon port-salut (j'en profite d'ailleurs pour dire bonjour à tous mes copains).

En effet, quitte à vous clouer sur place de stupéfaction, mon petit Philou, vous, et tous les téléspectateurs de Saint-Gildas-des-Bois, que je remercie au passage pour l'abondante documentation qu'ils me font sans cesse parvenir, et dont j'espère qu'en dépit des mauvaises conditions climatiques, ils nous reçoivent 5 sur 5, et que rien ne leur brouille l'écoute, oui, quitte à vous stupéfier je révèle ici que le thème cette semaine dans *Nulle part ailleurs*, c'est la résurrection.

Lundi : Résurrection de saint Gourdin, grâce à Carole Bouquet (Maryse suggère d'ailleurs, Philou, que vous en fassiez votre saint patron ou que vous réinvitiez plus souvent Carole).

Mardi : Résurrection d'Yvette Horner remise en circulation après la douloureuse vidange des 50 000.

Mercredi : Résurrection simultanée de Serge Gains-

bourg (une résurrection à vous redonner le foie) et
de Chantal Nobel dont la rapidité de la rééducation
tient du miracle christique puisqu'elle distingue désormais très nettement, les pommes des poires, et des
gros scoubidous bidous ah ! Enfin aujourd'hui jeudi,
grâce à Denys Arcand, le retour du fils du fantôme
de la revanche de Jésus.

De Montréal certes mais Jésus quand même.

Vous me direz, et d'ailleurs c'était l'Ascension la
semaine dernière : Jésus est dans l'air.

En effet, bien qu'absent, il n'a jamais été aussi présent, tel qu'en lui-même, ou bien au travers des grandes figures religieuses inspirées par son enseignement.

Souvenez-vous du film d'Alain Cavalier, *Thérèse*
(non aujourd'hui je ne le dirai pas), de la Marie de
Godard, du Christ de Scorcese, et plus récemment
encore du clip érotico-mystique de Madonna, qui se
prend pour sainte Thérèse, pas celle qui rit quand on
la, mais l'autre, d'Avila, celle qui « ria » quand elle
s'extasia.

Oui, il y a de la bondieuserie dans l'air, et le moindre des mérites de Denys Arcand est justement de ne
pas y succomber, mais plutôt de traiter, sous des
dehors à la fois légers et graves, d'un manifeste retour
de la spiritualité qui touche à peu près tous les domaines de notre civilisation, à l'exception toutefois de
l'œil de Patrick Sabatier, où je vous défie de voir bril-
ler la moindre trace de doute métaphysique, ni même
quoi que ce soit en général.

En effet, si notre monde est, comme le dit Denys,
devenu un supermarché dans les rayons duquel on

trouve aussi bien les mémoires de Danièle Gilbert —
qui du reste, à l'instar du Messie, n'arrête pas de scan-
der, je reviendrai, je reviendrai —, les gaines en béton
précontraint de Gloria Lasso, des photos de la terre
prises de la lune, des photos de la lune prises de chez
Jean Marais, un tube de *Stéradent* ayant appartenu
à Jacques Seguela, un démonte-pneu, les *Œuvres
complètes* de Paul-Loup Sulitzer, reliées en pleine
peau de nègre tatouée à l'or fin, pendant que des
haut-parleurs diffusent un pot vraiment pourri des
œuvres pour la main gauche de Richard Clayderman,
oui, si dans cette confusion de marchands de temple
les valeurs semblent falsifiées, il n'empêche que sub-
siste et croît de jour en jour, la flamme de l'interrogation triple et néanmoins primordiale, ontologique
même, qu'il s'agit de ne pas confondre avec une autre
question lancinante elle aussi, à savoir : « Est-ce que
tu viens pour les vacances ? »

Question à laquelle j'ai déjà ici même maintes fois
répondu. Non, l'interrogation fondamentale demeure
telle qu'elle se pose dans le film de Denys : « Que
sommes-nous, d'où venons-nous, où allons-nous ? »
Certes de nombreux théologiens ont déjà apporté des
éléments de réponse.

Pierre Dac, par exemple, qui répondait, je le rappelle : « En ce qui me concerne personnellement, je
sors de chez moi et j'y retourne », ou encore Johnny
Halliday — je cite : « Je m'appelle Jean-Philippe
Smet, je suis né à Paris, mais vous m'connaissez
mieux sous le nom de Johnny / je suis né dans la ville
où les murs sont toujours gris, derrière un terrain

vague où se trouvent les taudis... parce que je suis né dans la rue, ooh oui, je suis né dans la rue... dans la rue. »

Et le plus grand compliment que l'on puisse faire à Denys Arcand pour son film : c'est de lui dire qu'il réactive ces questions vieilles comme le monde, et que, grâce à son humour, son sens du rythme, de la comédie et du cinéma, il les dépoussière et les déchancélise, et rien que pour cela je décide, au cas où les jurés de Cannes hésiteraient à lui décerner les palmes du 42ᵉ Festival, de lui octroyer ici même, et pas plus tard que maintenant, une récompense bien plus appropriée pour un film sur Jésus : les rameaux de *Nulle part ailleurs*.

portrait de

Alain Giresse

Si nous recevons aujourd'hui Alain Giresse, à moins de deux mois de la célébration du 14 Juillet, dont on me permettra de noter qu'il sera fêté avec moins de pompes (malgré la présence très attendue de Brigitte Lahaie) que ne l'aura été le come-back sur celle qui n'en a qu'une de Madame Nobel (come-back qui, soit dit en passant, a ravalé le rapatriement pourtant grandiose des cendres de Jean Moulin au Panthéon, au rang d'une kermesse paroissiale sans envergure, et la résurrection du Christ à celui d'une vieille blague entre copains).

Mais cessons de médire en passant et passons aux choses sérieuses car si nous recevons aujourd'hui Alain Giresse en pleine année du bicentenaire (et pas celui de Gloria Lasso, faut-il préciser, qui n'a pas attendu 1989 pour fêter le sien et poser sans culotte en exhibant sa paire, de bicentenaires) — oui, si nous recevons Alain Giresse en pleine année du bicentenaire (disais-je après avoir encore médit en passant malgré ma promesse, c'est plus fort que moi, je n'arrive pas à me retenir, comme dit Paul-Loup Sulit-

zer à sa femme lorsqu'elle lui demande comment avec
un si petit stylo, il arrive à pondre des livres aussi
gros) — oui, si nous recevons, disais-je donc, Alain
Giresse en pleine année du Bicentenaire, vous allez
voir, je vais finir par y arriver, c'est parce que nous
nous devions, sur la chaîne qui honore vraiment le
sport le plus populaire, de recevoir un sportif vraiment plébiscité par le peuple tout entier, et c'est pourquoi je vous demande d'applaudir Alain Giresse —
attendez, pas tout de suite —, et de l'applaudir
d'autant plus chaleureusement que nous avons tous
pu remarquer hier soir, alors que l'on fêtait son jubilé
au stade Pierre Lescure, qu'il eut la délicatesse d'éviter de jubiler extérieurement, étant donné que généralement, lorsqu'on jubile, c'est intérieurement, au
fond de soi-même, ce qui explique que Patrick
Sabatier jubile rarement.

Maintenant vous pouvez applaudir Alain Giresse.

Étant, comme chacun sait, d'une nature tatillonne
pour tout ce qui touche au vocabulaire, on me permettra de souligner qu'à l'origine un jubilé est un
anniversaire marquant le cinquantenaire d'un événement, et que celui d'Alain est d'autant plus révolutionnaire qu'il est loin — Alain, pas le jubilé —
d'avoir cinquante ans puisqu'il n'en a que trente-six.

Un jubilé révolutionnaire donc, même s'il ne suffit pas d'additionner quatre jubilés pour obtenir un
bicentenaire.

Oui, non seulement Alain Giresse est populaire,
mais, à l'instar de tous les artistes authentiques, il
est révolutionnaire, enfin je veux dire que son jeu est

tout, sauf conventionnel. D'ailleurs il jouait chez les Girondins.

Dribbleur émérite, il reçut même le crampon d'or au festival de Cannes, festival dont voici un émouvant cliché. *DLS* révolutionnaire, Alain prouva qu'il l'était en quittant, au risque de remettre sa carrière en cause, le giron des Girondins.

Tout révolutionnaire, même pratiquant un sport collectif, n'est-il pas, en effet, d'abord un individualiste rebelle à toute autorité abusive?

Et le président des Girondins, malgré sa réputation, ne dut pas rire de ce départ.

En effet, ne disait-on pas de lui à l'époque : c'est Claude Bez, celui qui rit quand...

Mais tout cela c'est du passé.

Alain va maintenant se reconvertir dans la vie civile, et comme le terrain du loto sportif est déjà occupé par un autre footballeur professionnel, le célèbre Pelé dont l'entêtant refrain « Smaj smajde smaj smajde ze spormidable », résonne à mes oreilles dans tout son charme tropical.

Ce n'est dévoiler qu'à moitié le pot aux roses, que de révéler qu'Alain s'apprête à mettre sur pied une équipe, mixte, inspirée des variétés club de France qui s'opposaient en une rencontre amicale aux amis d'Alain Giresse, hier, dans cet historique jubilé.

Équipe dont je révèle ici et *Nulle part ailleurs*, et en exclusivité, la composition : dans les cages, Demis Roussos, dont la technique de gardiennage, si elle n'est pas orthodoxe, a plusieurs fois fait ses preuves.

En effet, Demis se contente de rester allongé dans

sa cage, colmatant ainsi hermétiquement l'ouverture tant convoitée.

Ensuite, grande innovation, trouvaille géniale, une défense exclusivement féminine, fondée sur le principe de l'épouvantail. Un véritable mur destiné à repousser l'attaquant sans même avoir à le combattre, de gauche à droite : Danièle Gilbert, dont on a récemment changé les piles et qui n'en affirme qu'avec plus de force qu'elle reviendra, Nadine de Rothschild, pour qui le terroir bordelais n'a plus de secret, et Pascal Sevran.

En milieu de terrain, encore une idée de génie : une poignée de joueuses aux formes rebondies et dont la fonction consista à troubler l'adversaire, Mathilda May, Carole Bouquet, et, *last but not least*, la spécialiste mondiale du lobe : Brigitte Lahaie.

Enfin à l'attaque, des artistes, des orfèvres, des tricoteurs de tibia, Jean-Claude Bourret, malgré sa fâcheuse tendance à marquer contre son propre camp, Johnny, alias Lansky, flanqué de ses deux camarades tireuses Smith et Wesson, qui se fait fort de nettoyer le terrain, ah que si on l'emmerde, et pour finir, et c'est un scoop, l'avant-centre miracle, Philippe Gildas, lui-même, dont les débuts footballistiques chez les très minimes du Pieral football de Saint-Gildas-des-Bois sont encore dans toutes les mémoires, et qui s'est rendu mondialement célèbre pour sa pratique très spéciale du petit pont, qui consiste à courir entre les jambes de l'adversaire.

Oui, Alain, avec une équipe comme ça, je vous prédis un avenir tout ce qu'il y a de radieux.

portrait de

Françoise Sagan

La présence de Françoise Sagan sur notre plateau me réjouit pour deux raisons concomitantes et superfétatoires. En effet, tout le monde sait que si la prose de Françoise est d'une clarté toute classique — et dont elle se plaît à souligner elle-même la simplicité de la formule sujet-verbe-complément (une formule reprise d'ailleurs par Patrick Sabatier bien qu'il ait des doutes sur la place exacte que doivent occuper le sujet par rapport au verbe, le verbe par rapport au sujet, et je ne parle même pas du complément) —, oui si la prose de Françoise est d'une limpidité sans pareille, en revanche il semble que peu de gens parviennent à la saisir, Françoise, pas sa prose, lorsqu'elle exprime oralement le fond même de sa pensée.

Or, moi, je la comprends parfaitement, même quand elle parle en imitant une Kalashnikov enrayée.

Et si je la comprends si bien, c'est parce que j'ai moi-même souffert de graves défauts d'élocution qui faillirent étouffer dans l'œuf la carrière que vous connaissez, et me vouer à l'animation du jeu *Des chiffres et des lettres* voyelle / consonne.

En effet, il y a quelques années seulement, je parlais un peu comme Françoise, avec une précipitation (imputable sans doute à un enthousiasme bien compréhensible), mais qui en revanche me rendait incompréhensible à la plupart de mes contemporains.

Ainsi par exemple, j'aurais dit de cette manière la phrase que je viens de prononcer « il y a quelques années seulement, je parlais un peu comme Françoise, avec une précipitation imputable sans doute à un enthousiasme bien compréhensible, mais qui, en revanche, me rendait incompréhensible à la plupart de mes contemporains. »

Vous voyez, c'était pompon.

Eh bien, ce handicap, je l'ai surmonté, et c'est la deuxième raison concomitante et superfétatoire qui me fait me réjouir de la visite de Françoise, puisque grâce à elle je vais pouvoir aujourd'hui dévoiler le secret d'une méthode que me jalousent indistinctement Nicolas Hulot (qui, lui, parle très lentement en respirant un grand coup à chaque mot) ou Bernard-Henri Lévy (qui parle à une vitesse normale bien qu'on ne comprenne rien à ce qu'il raconte).

Une méthode que j'ai fini par mettre au point après de nombreux tâtonnements en passant par tous les stades de la rééducation orthophonique. En effet, au début, je blaisais comme un fou.

Qu'on ne se méprenne pas, blaiser (pour les non-spécialistes), cela équivaut à zézayer c'est-à-dire substituer une consonne faible à une consonne forte en prononçant par exemple : un pizon pour un pigeon, une zerbe pour une gerbe, un zob pour un job.

Après avoir perdu l'envie de blaiser, j'eus ensuite à venir à bout de divers bredouillages, bafouillages, balbutiages, baragouinages et autres grommelli grommello, marmotti, marmotta.

Certes, j'avais déjà fait des progrès, et je parvenais grosso modo à prononcer sans embûches des trucs du genre : « L'assassin sur son sein suçait son sang sans cesse. » Mais, il n'empêche, je sentis que j'étais encore loin de la perfection, surtout lorsque je me comparais à de véritables maîtres de la langue, comme Pascal Sevran qui doit sa clarté d'élocution — ce n'est un secret pour personne — à une pratique de très longue haleine qui consiste à articuler en suçant avec application des bâtons d'esquimaux (et pas que d'esquimaux), ou, bien sûr, l'incomparable Brigitte Lahaie qui, elle, arrive à articuler en s'enfilant un eskimo entier, tout en tournant sept fois sa langue, mais dans la bouche des autres.

Mais les progrès qui me conduisirent à la perfection, c'est à ma méthode personnelle que je les dois.

Une méthode inspirée de Démosthène (un philosophe grec né en 2412 avant Demis Roussos) qui démarra sa carrière comme bègue pour la finir dans un tonneau.

Je commençai avec des pois chiches, en m'imposant de dire jusqu'au bout : « Chic des pois chiches dans la bouche c'est plus chouette qu'une quiche. »

Et ça donnait ça : « Chic des pois chiches dans la bouche, c'est plus chouette qu'une quiche. »

Pour corser le jeu, j'utilisai ensuite de la semoule

pour dire : « Mieux vaut une nouille mouillée à Neuilly qu'une moule noyée dans mon lit. »

Comme vous allez le voir, c'est déjà plus dur.

Enfin l'aboutissement, le zénith, le stade ultime, c'est grâce à l'œuf que je pus l'atteindre.

Oui, l'œuf qui mit un terme définitif à ma bouillie verbale. Mais attention il s'agit d'un exercice extrêmement périlleux puisqu'il s'agit de dire : « Mon papa peut-il plumer une petite poule pondeuse ? Un peu qu'il le peut. » Attention ! Tous aux abris : « Mon papa peut-il plumer une petite poule pondeuse ? Un peu qu'il le peut ! »

Et voilà comment la chrysalide se transforma en papillon et comment j'en vins à maîtriser ce langage et cette élocution qui me permettent aujourd'hui de vous dire, Françoise : « Quand un Afghan sanglant aiguisait sa sagaie sans gant, elle trouvait pas ça gai, Sagan. »

portrait de

Murray Head

Si Murray Head fait partie de ces individus qu'on présente généralement en annonçant paradoxalement qu'on ne les présente plus, entendant par là qu'il est superflu de les présenter, vu que lorsqu'on présente, c'est qu'il s'agit d'inconnus, et qu'inconnu Murray est loin de l'être, oui, donc, si on ne présente plus Murray Head, le chanteur, le comédien, le comédien chanteur et le compositeur des musiques de films dans lesquels le chanteur s'efface derrière le comédien, il n'empêche que quelques éclaircissements à son propos que je me propose d'apporter aujourd'hui, ne pourront qu'éclairer d'une lueur nouvelle, un personnage habitué à être en pleine lumière; la meilleure preuve en étant qu'on ne le présente plus.

Tout d'abord ce nom étrange, Murray Head, que suivant les régions et les dialectes en cours, d'aucuns prononcent des manières les plus étranges.

Ainsi, tandis que du côté de la Perfide Albion dont est originaire Murray, on prononce simplement Murray Head, de ce côté-ci de la mare, en revanche, en entendra aussi bien mu rehed, que mure ed, voire

même mur et raide. Cette dernière prononciation
étant du reste involontairement proche d'une certaine
vérité, puisque, en fait, Murray Head est un pseudonyme et que le vrai nom de Murray, c'est Maurice Tête.

Un patronyme qu'il délaissa donc pour celui de
Murray Head après avoir tourné à ses débuts en
compagnie de Brigitte Lahaie (en anglais Brigit the
Hurdle) un film cochon où elle lui adressait cette célèbre réplique : « *Don't worry, you too, I'll give you
a head, Murray.* »

Qu'on pourrait traduire par ? Mon cher Maurice ?

Non, on ne présente plus Murray, enfin Maurice,
et il est donc également superflu de préciser qu'après
tous les concerts de soutien qui ont vu le jour ces dernières années, qu'il s'agisse du « Live Aid » pour lutter contre la famine dans le monde, de « L'appart
Aid » pour aider Renaud à trouver un nouvel appar-
tement, du « Velocip Aid » pour aider Pascal Sevran
à obtenir sa licence de cyclotouriste, des « Moham
Aid » pour soutenir les Musulmans endeuillés par la
disparition de leur imam, du « Skin Aid », pour lutter
contre la pelade qui frappe les gros buveurs de bière,
ou encore du « Band Aid » lancé à l'initiative de Brigitte Lahaie (en anglais Brigit the Hurdle) où il est
superflu de préciser (mais je le ferai quand même
après avoir présenté celui qu'on ne présente plus),
que le Murray Head n'est bien évidemment pas un
mouvement de soutien qui vise à recueillir des fonds
pour restaurer le muret qui borde le jardin de Philippe, dans sa propriété de Saint-Gildas-des-Bois et

qu'il endommagea récemment à grands coups de casque en chutant accidentellement de son poney shetland.

Un muret détruit à coups de tête (en anglais *head*) si je ne me retenais pas, je pourrai en faire quelques kilos là-dessus, mais je m'abstiendrai, puisqu'on n'est pas uniquement ici pour écouter mes dérives mentales.

Contentons-nous donc d'une photo du muret abîmé de Philou.

Non, ce qui est intéressant chez Murray Head, que Philippe, pour en finir, remarqua pour la première fois dans la comédie musicale *Hair* (en français « La moumoutte »), c'est que, bien que d'extraction bretonne, c'est en France qu'il croisa la route du succès, grâce au cinéma, bien entendu, mais peut-être, et dirais-je même surtout, grâce à la chanson. Certes, Murray ne fut pas le premier dans ce cas, et on se souvient avant lui d'autres personnalités anglaises ayant élu domicile chez nous, alors que leur propre pays les boudait : Jane Birkin, Patrick Simpson Jones, Johnny Walker — plus connu sous le sobriquet de Johnny le Marcheur —, mais aussi Dick Rivers, Richard Anthony, Karen Cheryl, ou Gilbert Bécaud, bien que certains experts prêtent à ce dernier des origines plus maghrébines.

Mais s'il ne fut pas le seul, reconnaissons que c'est avec un certain plaisir que nous plébiscitons de ce côté-ci de la Manche des artistes anglais du talent de Murray, soulignant par là même notre vocation de terre d'accueil, alors que les Britanniques, qui ont des grandes dents et qui mangent du gigot bouilli accompagné de gelée de burnes de bouc, s'opposent farouchement à ce que des artistes français viennent faire carrière chez eux, dressant là encore un véritable muret protectionniste que le plus agile des poneys d'obstacle ne parviendrait cette fois pas à franchir.

Et ils ont beau jeu de résumer la musique de notre beau pays à Sacha Distel, dont le succès là-bas s'explique sans doute par sa tendance à rouler sur le côté gauche de la route, et pas seulement quand il raccompagna Chantal Nobel.

Certes, par leur blocus aveugle, ils s'évitent les encombrements de cérumen consécutifs à la consommation (même involontaire) de divers David et Jonathan, musclés, et autre bande à Basile, mais en rejetant tout, ils rejettent une fois de plus des artistes comme Murray, sous prétexte que nous autres Français leur faisons un triomphe.

Et moi je demande : pourquoi tant de head ?

portrait de

Johnny Halliday

Si j'avais en face de moi David Lansky, l'homme qui tire plus vite que son ombre (même quand il n'y a pas de soleil), j'y réfléchirais à deux fois avant de lui faire cet épouvantable compliment qui consiste à dire à quelqu'un à peine plus vieux que soi : « Je vous admire depuis que je suis haut comme trois pommes. »

Mais à Johnny (qui d'ailleurs le sait bien), je veux bien lui déclarer publiquement ah ! que je l'aime, depuis ah ! que je suis tout petit.

J'irai même plus loin : de même que j'ai appris à caler des armoires normandes grâce aux *Œuvres complètes* de Nadine de Rothschild et de Paul-Loup Sulitzer, de même que j'ai découvert qu'une femme pouvait faire plein de trucs supers pour peu qu'on découvre où se cache son démarreur — et cela grâce au film de Brigitte Lahaie intitulé précisément *Tu vois, ça c'est mon démarreur* —, de même que, grâce au magazine *Lui*, je suis aujourd'hui capable de distinguer une andouille Guéméné, de Gloria Lasso nue en train de se démener, de même que grâce à Chantal Goya je sais que si la réincarnation existe, il est hors de question que je revienne sous la forme de Pandi Panda, ou de Félix le Chat et encore moins sous celle de Babar, d'autant plus que j'ai dès aujourd'hui certains des attributs qui font la réputation dudit Babar (je veux bien sûr parler de la mémoire), oui de même que grâce à tous ces gens-là, de même que.

De même que quoi, me demanderez-vous.

Ne bougez pas, ça va me revenir.

Et pour vous faire patienter, je vous propose d'admirer la photo d'une petite fille montrant à un petit garçon l'emplacement de son démarreur.

Ah oui, voilà ! De même que grâce à Johnny ma vie est ponctuée de chansons qui clignotent comme autant de sémaphores sur les rivages tourmentés de mon existence, de même. De même que quoi ? insisteront certains. Et je leur répondrai : « Ah ! que de même, que de même, que de même. »

Et c'est vrai, les grands moments de mon existence sont jalonnés par les chansons de Johnny. Ainsi, quand il chanta : « Le jour de ma naissance un scarabée est mort, je le porte autour de mon cou », me mis-je aussitôt en quête d'un scarabée décédé le 1er décembre 1953 pour le porter autour de mon cou (d'ailleurs je l'ai toujours sur moi et je le prouve).

Mieux encore : lorsque après de titanesques travaux d'approche, je parvins enfin à éperonner ma première conquête féminine, et que, l'ayant renversée sur une paillasse, je me jetai sur elle, les premiers mots que je lui susurrai dans l'oreille gauche furent bien sûr : « Ah ! quand ton corps sur mon corps, lourd comme un cheval mort, ne sait pas, ne sait plus, s'il existe encore. » (On notera du reste, au passage, qu'il existe une variante à ce texte, chantée rituellement le vendredi soir dans la petite commune de Saint-Gildas-des-Bois, et qui donne : « Ah ! quand ton corps sur mon corps, lourd, comme un poney mort. »)

Et quand je voulais séduire sur les places de très basse Bretagne où je passais mes vacances d'été, à votre avis, que portais-je pour mettre en valeur mon corps d'albâtre qui déjà, rendait fou de désir Pascal Sevran ?

Un magnifique maillot de bain moulé burnes rouge et jaune à petits pois, bien sûr, dans lequel je déambulais en faisant saillir mes pectoraux de pulmonaire bénin, tout en fredonnant : « Un itsy bitsy tini wini tout petit bikini que je mettais pour la première fois itsy bitsy tini winy tout petit petit bikini, un bikini rouge et jaune à petits pois. »

Je pourrais en citer encore des dizaines comme ça, qu'il s'agisse de *Toute la musique que j'aime* (celle qui vient de là, qui vient du belouze), de *Cheveux longs, idées courtes*, composée, je vous rassure Philou, avant que Johnny ne fasse votre connaissance, ou bien sûr de Gabrielle, car nous avons tous connu une Gabrielle, et comme Johnny, j'ai refusé / mourir d'amour enchaîné / oui, j'ai refusé / mourir d'amour enchaîné. Oui, Johnny a marqué ma vie, à tel point que pour lui rester fidèle, je n'ai pas hésité à endosser certaines des défroques qu'il endossa lui-même.

Et je le prouve : regardez.

Ça c'est moi tendance fitfites et kili watch.

Vous noterez la beauté d'un casque que Philippe essaie vainement de copier depuis cette époque.

Ça c'est moi tendance les coups, le rebelle quoi, ambiance Harley et bagarre, parce que, si vous cherchez la bagarre, vous êtes à la bonne place.

Ça c'est l'époque sans Francisco, pat d'eph, on est tous potes, et je me roule dans la boue pendant le solo de Carlos Santana.

Ça c'est la parenthèse Hamlet revisité, mais on va dire qu'on oublie, hein, allez.

Enfin, le retour régulier aux racines, Memphis, Nashville le western, et tout son cinéma, mais derrière tout ça, le belouze.

Le belouze, ce trait d'union qui court à travers toute la carrière de Johnny.

Ce belouze qui ne le quitte jamais quand il se retrouve seul le soir (et je le demande, est-ce qu'il y a quelqu'un qui veut m'aimer ce soir), le blues qui donne à Johnny sa véritable dimension et qui le différencie à jamais de tous ceux qui croient qu'en hurlant derrière un micro, en prenant l'air méchant, ça vous donne un rock'n roll attitude.

Et tiens ce blues-là, Jojo, s'il suffisait pour le chasser de te dire à quel point on t'aime.

Eh bien, on s'en priverait pas de te le dire.

Et même, tiens, on se lèverait tous pour te le redire, une fois de plus.

Glossaire

A l'intention de ceux d'entre vous qui, peu au fait de l'actualité spectaculaire, confondraient encore BHL avec un grand magasin de la rive droite, Nicolas Hulot avec un film de Tati et Clayderman avec une marque de préservatifs renforcés, voici, sous forme de glossaire, quelques éclaircissements définitifs sur une poignée de personnages récemment devenus des habitués des portraits de *Nulle part ailleurs*.

BHL : Polygraphe échancré, chargé de mission terrestre. Signe particulier : thorax avantageux, chevilles enflées.

Berry, Richard : Acteur célèbre, réputé d'après nous pour sa petite bite.

Bourret, J.-C. : Journaliste interstellaire et content de l'être, extrêmement apprécié par nos amis extra-terrestres, qui, hélas ! ne captent pas la Cinq.

Bouygues, Francis : Espèce de gros pont. Bâtisseur ayant réussi le prodige de soumettre les saltimbanques aux géomètres.

Clayderman, Richard : Pianiste à queue.

David : Voir Jonathan.

Distel, Sacha : Chanteur. Le plus gauche des conducteurs à droite (voir Nobel).

Gilbert, Danièle : Cover-girl auvergnate. Revenante velléitaire et bagueuse de pigeons.

Gildas, Philippe : Le plus petit des grands animateurs. S'avance casqué et présente debout.

Gildas-des-Bois (saint) : Riante bourgade de très basse Bretagne. Musée Piéral, stade Piéral, mini-golf Piéral, poney-club Piéral.

Goya, Chantal : Chanteuse gestuelle. Rééducatrice spécialisée pour nains priapiques.

Hulot, Nicolas : Extrémiste asthmatique.

Huster, Francis : Comédien, *Le Faucon* c'est lui (un vrai film).

Jonathan : Voir David.

Lasso, Gloria (1872-1951) : Artiste lyrique. Femme à barbe bleue.

Lagerfeld, Karl : Cocostumier à cacatogan.

Lahaie, Brigitte : Fantaisiste buccale. Égérie de se voir si belle dans ce miroir sans tain.

Lalanne, Francis : Chanteur, sosie d'Anne Sylvestre.

Lavilliers, Bernard : Culturiste stéphanois, docker havrais, camionneur brésilien, chercheur d'or argentin, vaquero de la pampa, pompiste à Yvry-le-Gargan, boxeur cosmique et débardeur planétaire.

Marouani : Voir David et Jonathan.

Nobel, Chantal : Comédienne, sut prendre, dans sa carrière, un virage décisif (voir Distel, Sacha).

Le Pen, Jean-Marie : Humoriste breton et extrême borgne.

Renaud, Line : Chaleureuse mamie.

Rothschild, Nadine (de) : Ci-devant baronne d'Empire par alliance.

Roussos, Demis : Chanteur grec à géométrie variable et paillasson pectoral.

Sabatier, Patrick : Exhibitionniste dentaire.

Seguela, Jacques : Fils de pub et fier de l'être.

Sevran, Pascal : Chanceux bipède, stimulateur d'organe et meneuse de revue.

Sulitzer, Paul-Loup : Homme d'affaires, inventeur de la cale à armoire portant son nom, manufacturée par des ébénistes africains.

Suza Linda (de) : Bagagichte portugaiche.

Zaraï Rika : Chanteuse naturopathe. Signe particulier : prend ses bains de siège de boue assise.

Table

COMPOSITION : CHARENTE-PHOTOGRAVURE À ANGOULÊME
IMPRESSION : BRODARD ET TAUPIN À LA FLÈCHE (6-90)
DÉPÔT LÉGAL : MARS 1990. N° 10931-5 (6588C-5)

Collection Points

SÉRIE POINT-VIRGULE

Collection Points

SÉRIE ROMAN

DERNIERS TITRES PARUS